2025年全国税务师职业资格考试经典题荟萃

税法（一）

百题讲坛

肖晴初 ◎ 主编

经济日报出版社
·北京·

图书在版编目（CIP）数据

税法（一）百题讲坛／肖晴初主编. -- 北京：经济日报出版社，2025. 5. --（2025年全国税务师职业资格考试经典题荟萃）. -- ISBN 978-7-5196-1559-8

Ⅰ. D922.220.4

中国国家版本馆CIP数据核字第2024Q69X37号

税法（一）百题讲坛

SHUIFA（YI）BAITI JIANGTAN

肖晴初　主编

出版发行　经济日报出版社

地　　址：北京市西城区白纸坊东街2号院6号楼
邮　　编：100054
经　　销：全国各地新华书店
印　　刷：天津裕同印刷有限公司
开　　本：787mm×1092mm　1/16
印　　张：12
字　　数：310千字
版　　次：2025年5月第1版
印　　次：2025年5月第1次
定　　价：**68.00元**

本社网址：www.edpbook.com.cn，微信公众号：经济日报出版社
请选用正版图书，采购、销售盗版图书属违法行为
版权专有，盗版必究。本社法律顾问：北京天驰君泰律师事务所，张杰律师
举报信箱：zhangjie@tiantailaw.com　　举报电话：(010)63567684
本书如有印装质量问题，由我社事业发展中心负责调换，联系电话：(010)63538621

序 言

在财税领域，税务师职业资格考试是衡量专业能力的重要标尺，也是从业者迈向职业高峰的关键阶梯。它不仅考验考生对财税知识的系统掌握，更注重其在实际业务中精准分析、高效解决问题的能力。基于此，"全国税务师职业资格考试经典题荟萃"丛书应运而生，丛书以精准剖析经典题为核心，助力考生高效备考，顺利跨越职业成长的重要关卡。

本系列丛书共5个分册，编写团队均为在教学一线工作多年的权威、资深教师，教学经验丰富，对考试命题趋势和考生学习情况都十分了解。丛书的每一册都经过编者精心策划与打磨，以期帮助考生了解考试趋势、全面掌握考点及应试技巧，从而提高学习效率。"2025年全国税务师职业资格考试经典题荟萃"丛书分册如下：

1. 《税法（一）百题讲坛》　　　　　　　肖晴初　主编
2. 《税法（二）百题讲坛》　　　　　　　战大萍　主编
3. 《涉税服务相关法律百题讲坛》　　　　杨茂群　主编
4. 《财务与会计百题讲坛》　　　　　　　夏洪智　主编
5. 《涉税服务实务百题讲坛》　　　　　　肖晴初　主编

本系列丛书以"百题讲坛"的形式，精选了具有代表性、综合性的题目，这些题目并非简单地堆砌，而是依据最新考试大纲和命题规律精心筛选。每一道题目都像是一把钥匙，开启一个或多个重要知识点的大门。通过对这些题目的详尽剖析，考生不仅能够掌握解题思路和方法，更能举一反三、触类旁通，实现从"知其然"到"知其所以然"的飞跃。

本系列丛书紧密跟踪财税政策最新动态，确保内容与时俱进。针对财税领域政策法规更新频繁的特点，丛书编写团队实时收录了最新政策等相关内容，使考生所学与实际业务、考试要求保持高度一致，有效规避因政策掌握滞后带来的学习偏差和考试风险。

本系列丛书是税务师考生的通关利器，希望既能帮助考生系统夯实专业基础，又能快速提升应试能力，同时也为应对日常工作中的复杂问题提供权威解析和案例参考，以便精准决策。

愿"百题讲坛"助力各位考生高效备考，顺利通关！

编委会
2025年3月

目 录

第一章 税法基本原理

税法的概念、特点和原则 ★★★ ……………………………………………………… 1
税法的解释 ★★ ………………………………………………………………………… 2
税法与其他部门法的关系 ★ …………………………………………………………… 3
税收法律关系 ★ ………………………………………………………………………… 4
税收实体法 ★ …………………………………………………………………………… 4
税收程序法 ★ …………………………………………………………………………… 5
税收立法原则 ★ ………………………………………………………………………… 5
税收执法原则 ★ ………………………………………………………………………… 7
税收司法原则 ★ ………………………………………………………………………… 7

第二章 增值税

增值税纳税人与扣缴义务人 ★★ ……………………………………………………… 8
增值税纳税人分类 ★★ ………………………………………………………………… 9
征税范围 ★★★ ………………………………………………………………………… 10
境内销售的界定 ★★ …………………………………………………………………… 14
视同销售 ★★★ ………………………………………………………………………… 15
混合销售和兼营行为 ★★★ …………………………………………………………… 17
特殊销售的征税规定 ★★★ …………………………………………………………… 17
不征收增值税的规定 ★★★ …………………………………………………………… 18
增值税税率 ★★★ ……………………………………………………………………… 19
征收率 ★★★ …………………………………………………………………………… 20
税收优惠 ★★★ ………………………………………………………………………… 23
销项税额 ★★★ ………………………………………………………………………… 28
进项税额 ★★★ ………………………………………………………………………… 38
一般纳税人应纳税额计算 ★★★ ……………………………………………………… 48

特定企业（交易行为）的增值税政策★★★ ······ 50
征收管理★★★ ······ 61

第三章 消费税

纳税义务人和扣缴义务人、税目、纳税环节★★ ······ 81
计税依据、税率、应纳税额计算★★★ ······ 83
应税消费品应纳税额的计算★★ ······ 88
已纳消费税扣除的计算★★ ······ 91
进出口环节应纳消费税的计算★★ ······ 92
征收管理★ ······ 93

第四章 城市维护建设税

城市维护建设税概述★ ······ 103
城市维护建设税的计算★★ ······ 103
税收优惠★★ ······ 105
征收管理★ ······ 106

第五章 土地增值税

征税范围和纳税义务人★★★ ······ 107
税率★ ······ 108
计税依据与应纳税额计算★★★ ······ 109
征收管理★ ······ 122

第六章 资源税

纳税义务人、税目、税率★★ ······ 124
税收优惠★ ······ 128
计税依据和应纳税额的计算★★★ ······ 130

第七章 车辆购置税

纳税人、征税范围、税率★★ ······ 138
税收优惠★★ ······ 139
计税依据和应纳税额的计算★★★ ······ 142
征收管理★★ ······ 146

第八章　环境保护税

纳税人、征税范围、税率★★ ·· 148
税收优惠★★ ··· 151
计税依据和应纳税额的计算★★ ·· 152
征收管理★ ··· 155

第九章　烟叶税

纳税人、征税范围、税率及征收管理★★ ·· 157

第十章　关税

纳税人、征税范围、税率★★ ·· 159
减免税★★ ··· 161
计税价格、应纳税额的计算★★ ·· 163
征收管理★ ··· 167

第十一章　非税收入

非税收入的概念和特点★ ·· 168
非税收入的分类★★ ··· 169
非税收入的政策内容★★ ·· 170

说明：本书采用★级进行标注。★表示需要了解，★★表示需要熟悉，★★★表示需要掌握。

第一章 税法基本原理

■ 考情分析

1. 重要程度：本章节属于非重点章节，分值在 2~5 分之间。
2. 考查题型：结合近 5 年经典题，通常以单选题、多选题的形式进行考查。

■ 考点分布

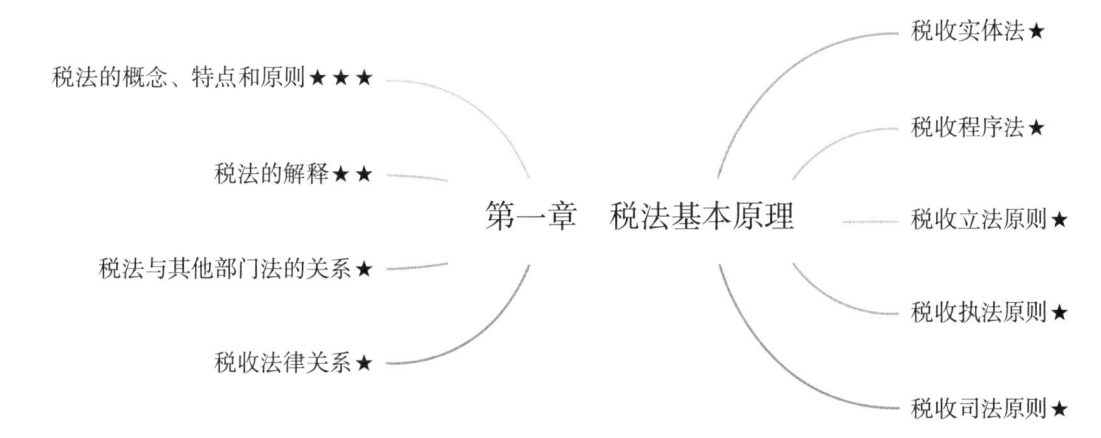

第一章 税法基本原理
- 税法的概念、特点和原则 ★★★
- 税法的解释 ★★
- 税法与其他部门法的关系 ★
- 税收法律关系 ★
- 税收实体法 ★
- 税收程序法 ★
- 税收立法原则 ★
- 税收执法原则 ★
- 税收司法原则 ★

高频考点·税法的概念、特点和原则 ★★★

【单选题】某纳税人 2013 年 6 月之前是营业税纳税人，之后为增值税纳税人，企业自查发现 2013 年 8 月有一笔收入需补税，按税法规定应向主管税务机关补缴营业税而不是增值税，其遵循的税法适用原则是（　　）。

A. 法律优位原则　　　　　　　　B. 程序优于实体原则
C. 特别法优于普通法原则　　　　D. 实体从旧，程序从新原则

解析 在税法领域，实体性税法规范不具备追溯效力，而程序性税法规范在特定条件下可具备追溯效力。具体而言，纳税义务的确定应依据纳税义务发生时的税法规定，实体性税法规范不具备追溯效力。

【答案】D

【多选题】税法适用原则是指税务行政机关或司法机关运用税收法律规范解决具体问题所必须遵循的准则，具体包括（　　）。

A. 法律优位原则　　　　　　　　B. 税收法定主义原则
C. 法律不溯及既往原则　　　　　D. 程序优于实体原则
E. 特别法优于普通法原则

解析 选项B，税收法定主义原则构成税法基础性原则。

【答案】 ACDE

【多选题】 下列关于程序优于实体原则的表述，正确的有（ ）。

A. 程序优于实体原则是关于税收争诉法的原则

B. 在诉讼发生时，税收程序法优于税收实体法适用

C. 适用程序优于实体原则，是为了确保国家课税权的实现，不因争议的发生而影响税款的及时、足额入库

D. 在诉讼发生时，税收实体法优于税收程序法适用

E. 程序优于实体原则打破了税法效力等级的限制

解析 在诉讼发生时，税收程序法相较于税收实体法具有优先适用性。特别法优于普通法的原则，突破了税法效力等级的界限。

【答案】 ABC

高频考点·税法的解释★★

【单选题】 对全国人大及其常委会授权制定的税收暂行条例，具有立法解释权的机关是（ ）。

A. 国务院　　　　　　　　　　B. 国家税务总局

C. 财政部　　　　　　　　　　D. 全国人大常委会

解析 应当由全国人大及其常委会制定法律的事项，国务院根据全国人大及其常委会的授权决定先制定的行政法规，如国务院经全国人大及其常委会授权制定的税收暂行条例，其解释权归国务院负责，同时国务院还制定了经全国人大及其常委会授权明确的税法实施条例。

【答案】 A

【单选题】 有关税法的法定解释，下列表述正确的是（ ）。

A. 国务院制定的《中华人民共和国企业所得税法实施条例》属于税法行政解释

B. 税法司法解释只能由最高人民法院和最高人民检察院共同作出

C. 字面解释是税法解释的基本方法

D. 国家税务总局制定的规范性文件可作为法庭判案的直接依据

解析 选项A，国务院作为立法机构，其制定的文件属于税法的立法性解释。选项B，司法解释可由最高人民法院或最高人民检察院单独或联合发布。选项D，国家税务总局颁布的解释属于税法的行政性解释，该解释不具备直接作为司法判决依据的效力。

【答案】 C

拓展　解释权限划分原则

分类	解释主体	包括	效力及特点
立法解释	立法机关	事前解释 事后解释	具有法律效力
司法解释	最高人民法院、最高人民检察院，两高联合	（1）具有法律效力，可作为判案依据。 （2）审判解释和检察解释有分歧，报请全国人大常委会解释或决定
行政解释（执法）	税务机关		执行中有普遍约束力，但原则上不能作为法庭判案直接依据

高频考点·税法与其他部门法的关系 ★

【单选题】关于税法与刑法、国际法的关系，下列表述错误的是（　　）。
A. 税法原本是国内法，是没有超越国家权力的约束力的，但是在某些方面与国际法又有所交叉
B. 税法与国际法是相互影响、相互补充、相互配合的
C. 刑法属于义务性法规，主要用来建立正常的纳税义务关系，其本身并不带有惩罚性
D. 税法与刑法都具备明显的强制性，从一定意义上讲，刑法是实现税法强制性最有力的保证

解析　刑法不属于义务性法规，而是属于禁止性法规，其宗旨在于界定何为犯罪行为，并规定对犯罪者应施加的相应刑罚。

【答案】C

【多选题】下列关于税法与民法关系的表述中，不正确的有（　　）。
A. 税法的合作信赖原则与民法的诚实信用原则是对抗的
B. 民法原则总体上不适用于税收法律关系的建立和调整
C. 税法大量借用了民法的概念规则和原则
D. 涉及税务行政赔偿的可以适用处理民事纠纷的调解原则
E. 民法与税法中权利义务关系都是对等的

解析　选项A，税法的合作信赖原则与民法诚实信用原则的原理是相近的。选项E，税收法律关系中，体现国家单方面的意志，权利义务关系不对等。

【答案】AE

【单选题】下列关于税法与经济法、行政法关系的表述中，不正确的是（　　）。
A. 税法是一种义务性法规，行政法大多为授权性法规，经济法基本上属于授权性法规
B. 一般行政法和税法都具有经济分配的性质

C. 税法解决争议的程序适用行政复议、行政诉讼等行政法程序，而不适用经济法中普遍采用的协商、调解、仲裁、民事诉讼程序

D. 从调整对象来看，经济法调整的是经济管理关系，而税法的调整对象则含有较多的税务行政管理的性质

解析 税法具备经济分配属性，表现为纳税人向国家进行无偿单向的经济利益转移，此特性为一般行政法所不具备的。

【答案】B

高频考点 · 税收法律关系★

【多选题】下列属于引起税收法律关系变更原因的有（　　）。

A. 纳税人自身组织状况发生变化　　B. 纳税人履行了纳税义务
C. 纳税人经营或财产情况发生变化　　D. 纳税义务超过追缴期限
E. 税法修订或调整

解析 选项BD属于税收法律关系消灭的原因。

【答案】ACE

【单选题】下列关于税收法律关系特点的说法中，错误的是（　　）。

A. 具有财产所有权或支配权单向转移的性质
B. 主体的一方只能是国家
C. 权利义务关系具有不对等性
D. 税收法律关系的变更以主体双方意思表示一致为要件

解析 税收法律关系的成立、变更、消灭不以主体双方意思表示一致为要件。

【答案】D

高频考点 · 税收实体法★

【单选题】下列减免税中，属于税额式减免的是（　　）。

A. 起征点　　　　　　　　　　　　B. 免征额
C. 抵免税额　　　　　　　　　　　D. 选用其他税率

解析 税额式减免包括全部免征、减半征收、核定减免率、抵免税额、另定减征税额等形式。选项AB属于税基式减免，选项D属于税率式减免。

【答案】C

【多选题】下列减免税形式属于税基式减免的有（　　）。

A. 起征点　　　　　　　　　　　　B. 另定减征税额

C. 跨期结转   D. 减半征收
E. 抵免税额

解析 选项BDE属于税额式减免。
【答案】 AC

【多选题】 对税收实体法要素中有关课税对象的表述，下列说法正确的有（　　）。
A. 课税对象是国家据以征税的依据
B. 税目是一种税区别于另一种税的最主要标志
C. 从价值形态分析，课税对象与计税依据一般是一致的
D. 从个人所得税来看，其课税对象与税源是一致的
E. 计税依据是从质的方面对课税作出的规定，课税对象是从量的方面对课税作出的规定

解析 选项B，课税对象是一种税区别于另一种税的最主要标志。选项E，课税对象从质的方面对征税所作的规定，计税依据从量的方面对征税所作的规定，是课税对象量的表现。
【答案】 ACD

高频考点·税收程序法 ★

【多选题】 下列税收程序法的主要制度中，体现公正原则的有（　　）。
A. 职能分离制度   B. 听证制度
C. 表明身份制度   D. 回避制度
E. 时限制度

解析 职能分离原则、听证程序及回避机制在确保行政程序的透明性、公正性和公平性方面发挥着至关重要的保障作用。
【答案】 ABD

高频考点·税收立法原则 ★

【单选题】 关于税务规章规定的事项，下列表述正确的是（　　）。
A. 可以自行设定减损税务行政相对人权利或者增加其义务的规范
B. 除另有规定外，税务规章不得溯及既往
C. 是指县以上税务机关依照法定职权制定并公布的事项
D. 可以重复法律已经明确规定的内容

解析 选项A，没有法律或者国务院的行政法规、决定、命令的依据，税务规章不得设定减损税务行政相对人权利或者增加其义务的规范。选项C，国家税务总局根据法律和国务院的行政法规、决定、命令，在权限范围内制定对税务机关和税务行政相对人具有普遍约束

力的税务规章。选项D，税务规章原则上不得重复法律和国务院的行政法规、决定、命令已经明确规定的内容。

【答案】B

【单选题】关于税务规范性文件的制定，说法正确的是（   ）。
A. 制定税务规范性文件的机关不得将解释权授予下级税务机关
B. 税务规范性文件以国家税务总局令发布
C. 县级税务机关的内设机构能以自己的名义制定税务规范性文件
D. 税务规范性文件的名称可以使用"实施细则"

解析　选项B，税务规范性文件应采取公告形式发布，未以公告形式公布的，则不得作为税务机关执行法律依据。选项C，各级税务机关的内部机构、派出机构及临时性机构，均无权以自身名义制定税务规范性文件。选项D，税务规范性文件可使用"办法""规定""规程""规则"等名称，但禁止使用"条例""实施细则""通知""批复"等称谓。

【答案】A

【多选题】税务规范性文件的特征包括（   ）。
A. 适用主体的非特定性　　　　　　B. 具有向后发生效力的特征
C. 属于非立法行为的行为规范　　　D. 与税务规章设定权一致
E. 不具有可诉性

解析　税务规范性文件的特征包括：属于非立法行为的行为规范；适用主体的非特定性；不具有可诉性；具有向后发生效力的特征。

【答案】ABCE

【单选题】下列有关税收立法的说法，正确的是（   ）。
A. 通过的税收法律由全国人大常委会委员长签署委员长令予以公布
B. 税收法规的通过是采取表决方式进行的
C. 税务规章均不得溯及既往
D. 税务规范性文件签发后，必须以公告形式公布

解析　选项A，税收法律案的公布程序规定，经全国人民代表大会及其常务委员会审议通过的税收法律案，必须由国家主席签署主席令予以正式公布。选项B，国务院通过行政法规的决策机制，即由国务院总理作出最终决策，并以国务院令的形式予以公布实施。选项C，税务规章原则上不具备追溯效力，但若出于保护税务行政相对人权益的特殊考虑，则可设定例外规定。

【答案】D

【单选题】下列关于税收立法的说法，正确的是（   ）。
A. 广义与狭义的税收立法的区别在于税务规章是否属于立法范畴
B. 税收立法就是指制定税法

C. 税收立法权的划分，是税收立法的核心问题
D. 划分税收立法权的直接法律依据是《中华人民共和国税收征收管理法》

解析 选项A，广义的税收立法指国家机关依据法定权限和程序，制定、修改、废止税收法律规范的活动，而狭义的税收立法指国家最高权力机关制定税收法律规范的活动。选项B，制定税法是税收立法的重要部分，但不是其全部，修改、废止税法也是其必要的组成部分。选项D，划分税收立法权的直接法律依据主要是《中华人民共和国宪法》与《中华人民共和国立法法》的规定。

【答案】 C

高频考点 · 税收执法原则 ★

【多选题】 税收执法合法性原则具体要求体现有（　　）。
A. 执法程序合法　　　　　　　　B. 执法内容合法
C. 执法对象合法　　　　　　　　D. 执法主体法定
E. 执法根据合法

解析 税收执法合法性原则的具体要求有：执法主体法定、执法内容合法、执法程序合法、执法根据合法。

【答案】 ABDE

高频考点 · 税收司法原则 ★

【多选题】 下列关于税收司法的说法中，正确的有（　　）。
A. 税收司法的基本原则有独立性原则和中立性原则
B. 坚持中立的审判态度是独立性原则的核心
C. 税收刑事司法以《中华人民共和国刑法》和《中华人民共和国刑事诉讼法》为法律依据
D. 税收行政司法仅包括涉税行政诉讼制度
E. 税收司法的主体是税务机关

解析 选项D，税收行政司法包括涉税行政诉讼制度和强制执行程序制度。选项E，从广义来理解，税收司法的主体是人民法院、人民检察院和公安机关等国家司法机关。

【答案】 ABC

第二章 增值税

■ **考情分析**

1. 重要程度：本章节属于本书最重要章节，分值在60~70分之间。
2. 考查题型：结合近5年经典题，通常以单选题、多选题、计算分析题、综合题的形式进行考查。

■ **考点分布**

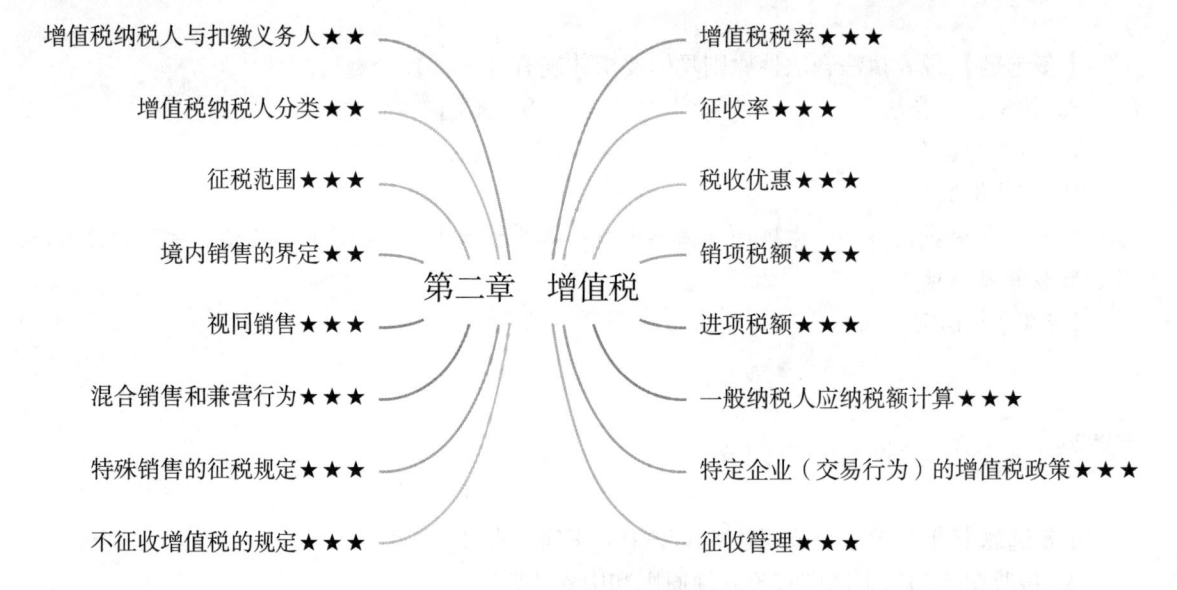

增值税纳税人与扣缴义务人★★	增值税税率★★
增值税纳税人分类★★	征收率★★★
征税范围★★★	税收优惠★★★
境内销售的界定★★	销项税额★★★
视同销售★★★	进项税额★★★
混合销售和兼营行为★★★	一般纳税人应纳税额计算★★
特殊销售的征税规定★★★	特定企业（交易行为）的增值税政策★★★
不征收增值税的规定★★★	征收管理★★★

第二章 增值税

> **高频考点** · 增值税纳税人与扣缴义务人★★

【单选题】下列承包经营的情形中，应以发包人为增值税纳税人的是（　　）。
A. 以承包人名义对外经营，由承包人承担法律责任的
B. 以出租人名义对外经营，由发包人承担法律责任的
C. 以出租人名义对外经营，由承包人承担法律责任的
D. 以承包人名义对外经营，由发包人承担法律责任的

解析　以承包、承租、挂靠方式经营的，承包人、承租人、挂靠人以发包人、出租人、被挂靠人名义对外经营并由发包人承担相关法律责任的，以该发包人为纳税人，否则以承包人为纳税人。

【答案】B

【单选题】关于增值税纳税人的规定,说法正确的是(　　)。
A. 单位以承包方式经营的,承包人以发包人名义对外经营并由发包人承担相关法律责任的,以承包人为纳税人
B. 资管产品运营过程中发生的增值税行为,以资管产品管理人为纳税人
C. 境外单位在境内提供应税劳务,一律以购买者为纳税人
D. 报关进口货物,以进口货物的发货人为纳税人

解析 选项A,单位以承包方式经营的,承包人以发包人名义对外经营并由发包人承担相关法律责任的,以发包人为纳税人。选项C,境外的单位或个人在境内提供应税劳务,在境内未设有经营机构的,其应纳税款以境内代理人为扣缴义务人,在境内没有代理人的,以购买者为扣缴义务人。选项D,对报关进口的货物,以进口货物的收货人或办理报关手续的单位和个人为进口货物的纳税人。

【答案】 B

高频考点·增值税纳税人分类 ★★

【单选题】下列纳税人中,必须办理一般纳税人登记的是(　　)。
A. 其他个人
B. 非企业性单位
C. 不经常发生应税行为的单位
D. 年应税销售额超过500万元且经常发生应税行为的工业企业

解析 选项A,年应税销售额超过规定标准的其他个人不能登记为一般纳税人。选项B,年应税销售额超过规定标准的非企业性单位,可选择按照小规模纳税人纳税。选项C,年应税销售额超过规定标准,但不经常发生应税行为的单位和个体工商户可选择按照小规模纳税人纳税。

【答案】 D

【多选题】根据增值税纳税人登记管理的规定,下列说法正确的有(　　)。
A. 年应税销售额未超过规定标准的纳税人,会计核算健全,能够提供准确税务资料的,可以向主管税务机关办理一般纳税人登记
B. 增值税纳税人应税销售额超过小规模纳税人标准的,除另有规定外,应当向主管税务机关办理一般纳税人登记
C. 除国家税务总局另有规定外,纳税人登记为一般纳税人后,不得转为小规模纳税人
D. 销售服务、无形资产或者不动产有扣除项目的纳税人,年应税销售额按未扣除之后的销售额计算
E. 纳税人偶然发生的销售无形资产、转让不动产的销售额,不计入应税行为年应税销售额

解析 选项D,销售服务、无形资产或者不动产有扣除项目的纳税人,年应税销售额按未扣除之前的销售额计算。

【答案】 ABCE

拓展　增值税纳税人分类

标准	年应税销售额500万元及以下 （1）"经营期"含未取得销售收入的月份或季度； （2）销售额包括纳税申报销售额（包括免税和税务机关代开发票销售额）、稽查查补销售额、纳税评估调整销售额
特殊	（1）其他个人不能成为一般纳税人； （2）超标但不经常发生应税行为的单位和个体工商户，可选择按小规模； （3）非企业性单位、不经常发生应税行为的企业，可选择按小规模

高频考点·征税范围★★★

【单选题】 下列行为不属于增值税"现代服务"征收范围的是（　　）。
A. 在游览场所经营索道、摆渡车业务
B. 度假村提供会议场地及配套服务
C. 将建筑物广告位出租给其他单位用于发布广告
D. 为电信企业提供基站天线等塔类站址管理业务

解析　纳税人在游览场所经营索道、摆渡车、电瓶车、游船等取得的收入，按照"生活服务—文化体育服务"缴纳增值税。选项B，会议场地＋配套服务，按照"现代服务—文化创意服务—会议展览"缴纳增值税。选项C，不动产广告位出租，按照"现代服务—租赁服务—不动产经营租赁"缴纳增值税。选项D，纳税人通过蜂窝数字移动通信用塔（杆）及配套设施，为电信企业提供的基站天线、馈线及设备环境控制、动环监控、防雷消防、运行维护等塔类站址管理业务，按照"信息技术基础设施管理服务"（现代服务—信息技术服务）缴纳增值税。

【答案】 A

【单选题】 下列服务属于增值税"现代服务"征收范围的是（　　）。
A. 旅游娱乐服务　　　　　　　　B. 文化体育服务
C. 教育医疗服务　　　　　　　　D. 物流辅助服务

解析　物流辅助服务属于增值税现代服务征收范围。选项ABC属于生活服务。

【答案】 D

【多选题】 下列属于增值税征税范围的有（　　）。
A. 单位聘用的员工为本单位提供取得工资的服务
B. 航空运输企业提供的湿租业务
C. 出租车公司向使用本公司自有出租车的司机收取的管理费用
D. 广告公司提供的广告代理服务
E. 房地产评估咨询公司提供的房地产评估服务

解析　单位聘用的员工为本单位或者雇主提供取得工资的服务，属于非营业活动，不征收增值税。选项B，航空运输企业提供的湿租业务按照"交通运输服务"缴纳增值税。选项C，出租车公司向使用本公司自有出租车的司机收取的管理费用按照"交通运输服务"缴纳增值税。选项D，广告公司提供的广告代理服务按照"现代服务—文化创意服务—广告服务"缴纳增值税。选项E，房地产评估咨询公司提供的房地产评估服务按照"现代服务—鉴证咨询服务"缴纳增值税。

【答案】BCDE

【多选题】下列服务属于增值税"建筑服务"征收范围的有（　　）。
A. 平整土地　　　B. 修缮服务　　　C. 建筑物平移
D. 工程监理　　　E. 园林绿化

解析　建筑服务包括：工程服务、安装服务、修缮服务、装饰服务和其他建筑服务。其他建筑服务，是指上述工程作业之外的各种工程作业服务，如钻井（打井）、拆除建筑物或者构筑物、平整土地、园林绿化、疏浚（不包括航道疏浚）、建筑物平移、搭脚手架、爆破、矿山穿孔、表面附着物（包括岩层、土层、沙层等）剥离和清理等工程作业。工程监理属于现代服务中的鉴证咨询服务。

【答案】ABCE

【单选题】纳税人提供的下列应税服务中，应按照"其他现代服务"计征增值税的是（　　）。
A. 为安装运行后的机器设备提供的维护保养服务
B. 武装守护押运服务
C. 安全保护服务
D. 车辆停放服务

解析　其他现代服务是指除研发和技术服务、信息技术服务、文化创意服务、物流辅助服务、租赁服务、鉴证咨询服务、广播影视服务和商务辅助服务以外的现代服务。选项A，纳税人对安装运行后的机器设备提供的维护保养服务，按照"其他现代服务"缴纳增值税。选项B，按照"商务辅助服务—安全保护服务"缴纳增值税。选项C，按照"商务辅助服务—安全保护服务"缴纳增值税。选项D，按照"租赁服务—不动产经营租赁"缴纳增值税。

【答案】A

【多选题】下列应按照"有形动产租赁服务"缴纳增值税的有（　　）。
A. 航空运输的干租业务　　　　　　B. 有形动产经营性租赁
C. 远洋运输的期租业务　　　　　　D. 水路运输的程租业务
E. 有形动产融资租赁

解析　选项CD，远洋运输的期租业务和水路运输的程租业务，按照"交通运输服务"缴纳增值税。

【答案】ABE

【单选题】下列应税服务中，应按照"现代服务"计征增值税的是（　　）。
A. 干租业务　　　　B. 期租业务　　　　C. 湿租业务　　　　D. 程租业务

解析　选项 A，干租属于现代服务中的租赁服务。选项 BCD 属于交通运输服务，其中程租、期租属于水路运输服务，湿租属于航空运输服务。

【答案】A

【单选题】某大数据科技公司为增值税一般纳税人，收入来自数据信息技术服务。2023年3月，为大型企业提供数据采集及公司网络运营服务，取得不含税收入860万元。购进办公用品等固定资产，取得增值税专用发票注明的税额为16万元，该公司当期应缴纳增值税（　　）万元。
A. 34.8　　　　　B. 33.2　　　　　C. 35.6　　　　　D. 34

解析　应缴纳增值税 = 860 × 6% − 16 = 35.6 万元。

【答案】C

【单选题】甲公司为增值税一般纳税人，2023年2月基于社会责任将职工食堂改造成对外开放的社区食堂，对孤寡老人以低价提供餐饮服务，取得含税收入40万元，本月取得与收入直接挂钩的财政补贴5万元。对其他社会人员按市场价格提供餐饮服务，取得含税收入135万元。为职工提供免费餐饮服务，成本45万元。甲公司上述业务销项税额（　　）万元。
A. 13.16　　　　B. 10.61　　　　C. 12.88　　　　D. 10.19

解析　甲公司上述业务销项税额 =（40 + 5 + 135）/（1 + 6%）× 6% = 10.19 万元。

【答案】D

【单选题】某货物运输企业为增值税一般纳税人，2024年6月提供货物运输服务，取得不含税收入480000元。出租闲置车辆取得含税收入68000元。提供车辆停放服务，取得含税收入26000元，以上业务均适用一般计税方法。该企业当月应确认销项税额（　　）元。
A. 53169.80　　　B. 65256.92　　　C. 94056.92　　　D. 95258.12

解析　当月应确认销项税额 = 480000 × 9% + 68000/（1 + 13%）× 13% + 26000/（1 + 9%）× 9% = 53169.80 元。

【答案】A

【单选题】某企业为增值税一般纳税人，2023年11月销售建材，提供运输服务。取得建材不含税销售款100万元，运输服务不含税销售额3万元，当期允许抵扣的进项税款6.5万元，则本期应缴纳增值税（　　）万元。
A. 6.77　　　　　B. 2.77　　　　　C. 18　　　　　　D. 16.89

解析　本期应缴纳的增值税 = 100 × 13% + 3 × 9% − 6.5 = 6.77 万元。

【答案】A

【单选题】某航空公司为一般纳税人，具有国际运输经营资质，2024年5月购进飞机零配件，取得的增值税专用发票，注明金额600万元，税额78万元。开展航空运输服务，开具增值税普通发票，取得的收入，包括国内运输收入2000万元，国际运输收入500万元。为客户办理退票，向客户收取退票费收入10万元，上述收入均分别核算，其中以上收入均含税，该航空公司应缴纳增值税（　　）万元。
A. 128.99　　　　B. 129.25　　　　C. 87.70　　　　D. 87.96

解析 该航空公司应缴纳的增值税＝2000／（1+9%）×9%+10／（1+6%）×6%-78＝87.70万元。

【答案】 C

【单选题】甲建筑施工企业为增值税一般纳税人，2024年3月收入项目如下：平整土地收入1000万元，塔吊出租收入40万元，建筑物外墙清理修复收入60万元。上述收入均不包含增值税。甲企业当月增值税销项税额（　　）万元。
A. 96　　　　B. 68.8　　　　C. 98.8　　　　D. 100.6

解析 建筑施工企业平整土地收入和建筑物外墙清理修复收入适用的增值税税率为9%，塔吊出租收入适用的增值税税率为13%。

甲企业当月增值税销项税额=（1000+60）×9%+40×13%=100.6万元
【答案】 D

【单选题】甲航空运输公司于2024年3月取得航空运输服务不含税收入500万元，并按照甲与乙航空货运公司签订的飞机货机舱位互换协议，当月甲利用自有货机舱位为乙公司提供货运服务，取得不含税收入50万元。甲利用乙公司货机舱位提供货运服务，支付乙公司不含税运费40万元。上述企业均为增值税一般纳税人，甲公司当月增值税销项税额（　　）万元。
A. 48　　　　B. 49.5　　　　C. 45　　　　D. 45.95

解析 在运输工具舱位互换业务中，互换运输工具舱位的双方均按照"交通运输服务"缴纳增值税。因此，甲公司当月增值税销项税额=（500+50）×9%=49.5万元。

【答案】 B

拓展 易混税目总结

与运输相关的情形	无运输工具承运、网络货运经营、舱位承包、舱位互换	交通运输服务
	运输程租、期租、湿租（配备人员）	交通运输服务
	光租、干租（不配备人员）	现代服务—租赁服务
	非游览场所经营缆车、索道	交通运输服务
	游览场所经营索道、摆渡车、电瓶车、游船	生活服务—文化体育服务
	逾期票证收入	交通运输服务
	退票费、手续费	现代服务—其他现代服务

续表

与货物相关的情形	现场制作食品并直接销售给消费者	生活服务—餐饮住宿服务
	销售非现场制作的食品（预制菜）	销售货物
	餐饮业堂食＋外卖	生活服务—餐饮住宿服务
与金融业相关的情形	保本投资、固定收益投资	金融服务—贷款服务
	非保本投资	不征税
	转让非上市公司股权	不征税
	转让股票（含限售股）	金融服务—金融商品转让
与租赁相关的情形	建筑设备出租＋操作人员	建筑服务
	建筑设备出租	现代服务—租赁服务
	融资租赁	现代服务—租赁服务
	融资性售后回租	金融服务—贷款服务
	不动产出租	现代服务—租赁服务
	出租酒店式公寓，提供配套服务	生活服务—餐饮住宿服务
	提供会议场地＋配套服务	现代服务—文化创意服务—会议展览
	不动产广告位出租	现代服务—租赁服务—不动产经营租赁
	动产广告位出租	现代服务—租赁服务—动产经营租赁
	通行费、停车费	现代服务—租赁服务—不动产经营租赁
垃圾处理	填埋、焚烧等方式进行专业化处理后未产生货物	受托方属于：现代服务—专业技术服务
	专业化处理后产生货物，且货物归属委托方	受托方属于：加工劳务
	专业化处理后产生货物，且货物归属受托方	受托方属于：现代服务—专业技术服务；货物用于销售时，按销售货物计税

高频考点· 境内销售的界定★★

【单选题】下列行为属于在我国境内销售无形资产、不动产或服务，应纳增值税的是（　　）。

A. 境外单位销售位于我国境内的不动产
B. 境外单位向境内单位提供会议展览地点在境外的会议展览服务
C. 境内单位销售位于境外的不动产
D. 境外单位向境内单位销售完全在境外使用的无形资产

解析 选项A，境外单位所销售的不动产在我国境内，属于境内业务，应在我国缴纳增值税。选项BCD，都不属于境内情形。

【答案】A

> 高频考点 · 视同销售★★★

【单选题】某运输公司为增值税一般纳税人，2024年5月为灾区无偿提供运输服务，发生运输服务成本2万元，成本利润率10%，无最近同期提供同类服务的平均价格，当月为A企业提供运输服务，取得含税收入5.5万元。该运输公司当月上述业务的销项税额为（ ）万元。

A. 0.45　　　　　B. 0.50　　　　　C. 0.77　　　　　D. 0.55

解析　单位或者个体工商户向其他单位或者个人无偿提供服务，应视同销售服务，但用于公益事业或者以社会公众为对象的除外。为灾区无偿提供运输服务，属于用于公益事业，不应视同销售服务，不计算销项税额。

该运输公司当月的销项税额=5.5/（1+9%）×9%=0.45万元

【答案】A

【单选题】下列各项中，应视同销售货物或服务，征收增值税的是（ ）。

A. 王某无偿向其他单位转让无形资产（用于非公益事业）
B. 某公司将外购饮料用于职工福利
C. 某建筑公司外购水泥发生非正常损失
D. 个人股东无偿借款给单位

解析　选项A，单位或者个人向其他单位或者个人无偿转让无形资产或者不动产（未用于公益事业或者以社会公众为对象），应视同销售，征收增值税。选项BCD，不视同销售，无需缴纳增值税。选项D，单位或个体工商户向其他单位或个人无偿提供服务（非公益性），才视同销售，如果是个人股东无偿为单位提供借款，不需要视同销售。

【答案】A

【单选题】下列业务属于增值税视同销售的是（ ）。

A. 单位的员工为本单位提供取得工资的服务
B. 将不动产无偿转让用于公益事业
C. 将货物交付其他单位代销
D. 设有两个机构并实行统一核算的纳税人，将货物从一个机构移送同一县（市）其他机构用于销售

解析　选项C，将货物交付其他单位代销应视同销售。

【答案】C

【单选题】下列业务不属于增值税视同销售的是（ ）。

A. 单位无偿向其他企业提供广告服务　　B. 单位无偿为其他个人提供交通运输服务
C. 单位无偿为关联企业提供建筑服务　　D. 单位以自建的房产抵偿建筑材料款

解析　选项D，属于以物易物的特殊销售行为，相当于单位先将自建的房产对外销售，

再将对外销售的价款支付给建筑商抵偿债务的,所以这里不属于视同销售的行为。

【答案】D

【单选题】下列项目中,不属于增值税视同销售行为的是(　　)。
A. 将购进的货物无偿赠送他人
B. 将购进的货物作为福利分配给职工
C. 将委托加工收回的货物用于个人消费
D. 将自制的货物用于对外投资

解析　将购进的货物作为福利分配给职工属于进项税额不得抵扣行为,不属于视同销售行为。

【答案】B

【多选题】下列行为应视同销售缴纳增值税的有(　　)。
A. 在线教育平台为特定用户提供免费试听课程
B. 化工试剂公司以固定资产入股投资
C. 健身俱乐部向本单位员工免费提供健身服务
D. 煤矿公司为员工购买瓦斯报警装置
E. 食品公司将外购食品给员工发放福利

解析　选项A,属于单位或者个体工商户向其他单位或者个人无偿提供服务,要视同销售处理。选项B,属于将自产、委托加工或购进的货物作为投资,提供给其他单位,要视同销售处理。选项CDE,均不属于增值税视同销售的范围。

【答案】AB

【单选题】某企业为增值税一般纳税人,2023年3月通过市民政部门将一批自产货物捐赠给甲县用于扶贫项目,该批货物成本价100万元,同类货物售价160万元。通过公益性社会团体将一批自产货物捐赠给某老年福利院,该批货物成本价30万元,同类货物销售价50万元。以上货物价格均不含税,成本利润率均为10%。甲县属于目标脱贫地区国家扶贫开发工作重点县且已于2022年2月实现脱贫。该企业上述业务应计算增值税销项税额(　　)万元。
A. 6.50　　　B. 27.30　　　C. 0　　　D. 18.59

解析　自2019年1月1日至2025年12月31日,对单位或者个体工商户将自产、委托加工或购买的货物通过公益性社会组织、县级及以上人民政府及其组成部门和直属机构,或直接无偿捐赠给目标脱贫地区的单位和个人,免征增值税。在政策执行期限内,目标脱贫地区实现脱贫的,可继续适用上述政策。捐赠给某老年福利院的货物应视同销售,增值税销项税额=50×13%=6.50万元。

【答案】A

高频考点 · 混合销售和兼营行为 ★★★

【单选题】甲企业为增值税一般纳税人，2024年3月销售塔吊取得收入1000万元，同时取得安装费收入100万元。当月另对安装运行后的塔吊提供维护保养服务取得收入50万元，提供其他建筑设备维修服务取得收入20万元，上述收入均为不含税收入，会计上均分别核算。采用一般计税方法。甲企业当月增值税销项税额为（　　）万元。

A. 144.6　　　　B. 148.6　　　　C. 146.1　　　　D. 145.3

解析 销售塔吊—销售货物13%；安装费收入—建筑服务（安装服务）9%；纳税人对安装运行后的机器设备提供的维护保养服务—其他现代服务6%；提供设备维修服务—加工修理修配13%。纳税人销售活动板房、机器设备、钢结构件等自产货物的同时提供建筑、安装服务，不属于混合销售，应分别核算货物和建筑服务的销售额，分别适用不同的税率或者征收率。

因此，在一般计税方法下，甲企业当月增值税销项税额 = 1000×13% + 100×9% + 50×6% + 20×13% = 144.6万元。

【答案】A

【单选题】下列经营行为中，属于增值税混合销售行为的是（　　）。

A. 汽车店销售汽车及内饰用品
B. 商场销售空调并提供运输服务
C. 家具城销售家具，同时又为其他客户提供家具运输服务
D. 酒店提供住宿及机场接送服务

解析 混合销售行为，必须是一项销售行为既涉及服务又涉及货物。选项A，销售汽车以及内饰，均属于销售货物，不属于混合销售行为。选项C属于兼营行为。选项D，住宿及机场接送服务，均属于销售服务，不属于混合销售行为。

【答案】B

高频考点 · 特殊销售的征税规定 ★★★

【单选题】关于单用途卡业务增值税的规定，下列说法正确的是（　　）。

A. 持卡人使用单用途卡购进货物时，销售方不得向持卡人开具增值税专用发票
B. 持卡人使用单用途卡向特约商户购买货物，特约商户不缴纳增值税
C. 单用途卡售卡企业销售单用途卡取得的预收资金，缴纳增值税
D. 销售单用途卡并办理资金结算取得的手续费，不缴纳增值税

解析 选项B，持卡人使用单用途卡购买货物或服务时，货物或者服务的销售方应按照现行规定缴纳增值税，且不得向持卡人开具增值税发票。选项C，单用途卡发卡企业或者售卡企业销售单用途卡或者接受单用途卡持卡人充值取得的预收资金，不缴纳增值税。选项D，售

卡方因发行或者销售单用途卡并办理相关资金收付结算业务取得的手续费、结算费、服务费、管理费等收入，应按照现行规定缴纳增值税。

【答案】A

【单选题】纳税人发生的下列行为中，按照"金融服务"计征增值税的是（　　）。
A. 为客户提供经营租赁服务　　　　B. 为客户提供信托管理服务
C. 取得受托拍卖的佣金收入　　　　D. 预收单用途卡持卡人充值的资金

解析　选项A，按照"租赁服务"计征增值税。选项C，按照"经纪代理服务"计征增值税。选项D，不缴纳增值税。

【答案】B

【单选题】纳税人销售下列服务中，属于增值税"增值电信服务"征税范围的是（　　）。
A. 有线电视安装　　　　　　　　　B. 语音通话服务
C. 广播影像播映　　　　　　　　　D. 卫星广播电视信号落地转接

解析　增值电信服务，是指利用固网、移动网、卫星、互联网、有线电视网络，提供短信和彩信服务、电子数据和信息的传输及应用服务、互联网接入服务等业务活动。卫星电视信号落地转接服务，按照"增值电信服务"缴纳增值税。

【答案】D

高频考点·不征收增值税的规定 ★★★

【单选题】下列收入中，不征收增值税的是（　　）。
A. 被保险人获得的保险赔付
B. 供电企业进行电力调压并按照电量向电厂收取的并网服务费
C. 销售机器设备同时提供安装服务取得的安装费
D. 销售代销货物取得的收入

解析　被保险人获得的保险赔付不征收增值税。

【答案】A

【单选题】根据增值税的相关规定，下列表述正确的是（　　）。
A. 单位取得存款利息应缴纳增值税
B. 单位获得的保险赔付需要缴纳增值税
C. 工会组织收取的工会经费应缴纳增值税
D. 自2020年1月1日起，纳税人取得的财政补贴收入，与其销售收入或者数量直接挂钩的，应按规定计算缴纳增值税

解析　自2020年1月1日起，纳税人取得的财政补贴收入，与其销售货物、劳务、服务、无形资产、不动产的收入或者数量直接挂钩的，应按规定计算缴纳增值税。纳税人取得

的其他情形的财政补贴收入，不属于增值税应税收入，不征收增值税。选项AB，属于增值税不征税项目。选项C，各党派、共青团、工会、妇联、中国科协、青联、台联、侨联收取党费、团费、会费，以及政府间国际组织收取会费，属于非经营活动，不征收增值税。

【答案】 D

【多选题】 下列情形不征收增值税的有（　　）。
A. 纳税人取得与销售收入直接挂钩的财政补贴收入
B. 个人存款利息
C. 工会收取的会费
D. 被保险人获得的保险赔款
E. 珠宝公司购入执法部门拍卖的罚没珠宝再销售

解析　选项A，自2020年1月1日起，纳税人取得的财政补贴收入，与其销售货物、劳务、服务、无形资产、不动产的收入或者数量直接挂钩的，应按规定计算缴纳增值税。纳税人取得其他情形的财政补贴收入，不属于增值税应税收入，不征收增值税。选项E，执法部门和单位查处属于一般商业部门经营的商品，公开拍卖，拍卖收入上缴财政，不予征税。经营单位购入拍卖物品再销售的，照章征收增值税。

【答案】 BCD

高频考点· 增值税税率★★★

【单选题】 根据增值税规定，自2019年4月1日起，下列产品适用9%税率的是（　　）。
A. 酸奶　　　　　B. 鱼罐头　　　　　C. 茶饮料　　　　　D. 玉米胚芽

解析　玉米胚芽属于初级农产品，适用9%的增值税税率。酸奶、鱼罐头、茶饮料都适用13%的增值税税率。

【答案】 D

【多选题】 下列货物，适用9%增值税税率的有（　　）。
A. 利用工业余热生产的热水　　　　　B. 石油液化气
C. 饲料添加剂　　　　　　　　　　　D. 棉纱
E. 食用盐

解析　饲料添加剂、棉纱不属于9%增值税税率的范围。

【答案】 ABE

【多选题】 境内单位或个人发生的下列行为适用增值税零税率的有（　　）。
A. 在境内载运旅客出境　　　　　　　B. 无运输工具承运国际运输业务
C. 航天运输服务　　　　　　　　　　D. 在境外载运货物入境
E. 向境外提供完全在境外消费的设计服务

19

解析 零税率的跨境应税行为包括：

运输类	国际运输、港澳台运输、航天运输服务。 其中，国际运输服务包括：在境内载运旅客或者货物出境；在境外载运旅客或者货物入境；在境外载运旅客或者货物
低税率	向境外单位提供的完全在境外消费的列明服务：研发、合同能源管理、设计、广播影视作品制作发行、软件、电路设计及测试、信息系统、业务流程管理、离岸服务外包、转让技术等

【答案】ACDE

【多选题】下列行为属于增值税零税率适用范围的有（　　）。
A. 向境外单位提供在境内消费的研发服务
B. 航天运输服务
C. 在境外载运旅客或者货物入境
D. 向境外单位提供完全在境外消费的设计服务
E. 在境内载运旅客或者货物出境

解析 选项A，向境外单位提供在境内消费的研发服务，应照章缴纳增值税。

【答案】BCDE

拓展 增值税税率总结

基本税率	13%	绝大多数货物的销售、进口加工修理修配、有形动产租赁服务
低税率	9%	销售或进口税法列举的货物，如农产品等；交通运输业、邮政业、基础电信、建筑、销售不动产、不动产租赁、转让土地使用权
	6%	增值电信、现代服务业（租赁除外）、金融服务、生活服务、销售无形资产（土地除外）
	0	国际运输、港澳台运输、航天运输服务；研发、合同能源管理、设计、广播影视作品制作发行、软件、电路设计及测试、信息系统、业务流程管理、离岸服务外包、转让技术等

高频考点·征收率★★★

【单选题】2024年1季度，某信托理财机构（一般纳税人）收取管理费600万元，其管理的信托1号产品取得利息收入2000万元，2号产品取得转让收益800万元。上述收入均为含税收入，该机构选择分别核算资管产品运营业务与其他业务的销售额和应纳税额，假设无进项税额，该机构上述业务应纳增值税额（　　）万元。
A. 115.52　　　　B. 99.03　　　　C. 192.45　　　　D. 170.47

【解析】 资管产品管理人运营资管产品过程中发生的增值税应税行为,暂适用简易计税方法,按照3%征收率缴纳增值税。

该机构上述业务应纳增值税额=(2000+800)/(1+3%)×3%+600/(1+6%)×6%=115.52万元

【答案】A

【单选题】关于二手车购销业务的增值税处理,下列说法正确的是( )。
A. 单位销售自己使用过的二手车,不征收增值税
B. 从事二手车经销的纳税人销售其收购的二手车,按简易办法征收增值税
C. 从事二手车经销的纳税人销售其收购的二手车,减按2%征收增值税
D. 从事二手车经销的纳税人不得为购买方开具增值税专用发票

【解析】 选项A,属于纳税人销售自己使用过的固定资产,需要按规定缴纳增值税。选项C,自2020年5月1日至2027年12月31日,从事二手车经销的纳税人销售其收购的二手车,由原按照简易办法依3%征收率减按2%征收增值税改为减按0.5%征收增值税。选项D,纳税人应当开具二手车销售统一发票,当购买方(消费者个人除外)索取增值税专用发票时,应当再开具征收率为0.5%的增值税专用发票。

【答案】B

【单选题】位于天津市的某设计公司为增值税小规模纳税人,2024年5月提供设计服务,取得含税收入18万元,销售自己使用过的固定资产,取得含税收入1万元。该公司以1个月为1个纳税期。该公司当月上述业务应纳增值税为( )万元。
A. 0　　　　　　B. 0.19　　　　　　C. 0.55　　　　　　D. 0.54

【解析】 自2023年1月1日至2027年12月31日,增值税小规模纳税人适用3%征收率的应税销售收入,减按1%征收率征收增值税;适用3%预征率的预缴增值税项目,减按1%预征率预缴增值税。

应纳增值税=18/(1+1%)×1%+1/(1+1%)×1%=0.19万元

【答案】B

【单选题】某网约车电商平台为增值税一般纳税人,2024年7月提供网约车服务,开具增值税电子普通发票注明不含税金额5000万元,支付网约车司机服务费3800万元。网约车服务选择简易计税办法。该电商平台当月应缴纳增值税( )万元。
A. 33.00　　　　　B. 60.00　　　　　C. 150.00　　　　　D. 250.00

【解析】 该电商平台当月应缴纳增值税=5000×3%=150万元

【答案】C

【单选题】甲个体工商户(小规模纳税人)出租住房,2024年3月一次性收取全年租金120万元(含税),甲当月应缴纳增值税( )万元。
A. 9.91　　　　　　B. 0　　　　　　C. 5.17　　　　　　D. 1.71

解析 个体工商户出租住房，按5%征收率减按1.5%计算应纳税额。纳税人提供租赁服务采取预收款方式的，其纳税义务发生时间为收到预收款的当天。

应缴纳增值税＝120/（1＋5%）×1.5%＝1.71万元

【答案】D

【单选题】某建筑安装公司为增值税一般纳税人，2024年5月，以清包工方式提供建筑服务，取得含税收入1000万元。销售2016年4月30日前自建的不动产，取得含税收入800万元。上述业务均选择简易计税方法计税。该公司当月应纳增值税（　　）万元。

A. 52.43　　　　　B. 70.92　　　　　C. 85.72　　　　　D. 67.22

解析 应纳增值税＝1000/（1＋3%）×3%＋800/（1＋5%）×5%＝67.22万元

【答案】D

【单选题】增值税一般纳税人的下列行为，可以选择简易计税方法计算增值税的是（　　）。

A. 影视节目制作服务　B. 文化体育服务　　C. 医疗防疫服务　　D. 客运场站服务

解析 一般纳税人提供电影放映服务、仓储服务、装卸搬运服务、收派服务和文化体育服务，可以选择简易计税方法计税，征收率为3%。

【答案】B

【单选题】一般纳税人提供下列服务，可以选择简易计税方法按5%征收率计算缴纳增值税的是（　　）。

A. 公共交通运输服务　　　　　　　B. 不动产经营租赁
C. 以清包工方式提供建筑服务　　　D. 文化体育服务

解析 选项AD，公共交通运输服务、文化体育服务，一般纳税人可以选择简易计税，适用3%的征收率。选项C，一般纳税人以清包工方式或为甲供工程及为建筑工程老项目提供建筑服务，可以选择适用简易计税方法计税，适用3%的征收率。

【答案】B

拓展　征收率总结

征收率	适用范围
3%	小规模纳税人：一般情况；一般纳税人：生产销售特定货物和应税服务选择简易计税
3%减按2%	小规模纳税人：销售自己使用过的固定资产；一般纳税人：销售自己使用过的、未抵扣进项税额的固定资产；纳税人销售旧货——含税收入/（1＋3%）×2%
1%	现阶段，小规模纳税人：模原3%征收率——含税收入/（1＋1%）×1%
5%	一般纳税人：不动产老项目出租或销售，人力资源选择简易计税，劳务派遣或安全保护差额计税，中外合作油气田，新支线；小规模纳税人：不动产相关，劳务派遣差额

续表

征收率	适用范围
5%减按1.5%	个人出租住房；住房租赁企业向个人出租住房——含税收入／（1+5%）×1.5%
0.5%	二手车交易——含税收入／（1+0.5%）×0.5%
一般纳税人3%	特定货物销售：自来水、电解电、砂土石料混凝土、生物制品、药品业人体血、寄售代销绝当物，销售收购再生资源
	特定建筑服务：甲供工程清包工、老项目
	金融服务：资管产品助农贷
	其他：公共交通运输、动漫、电影放映、仓储、装卸搬运、收派、文化体育；营改增前有形动产租赁；物业水费；非学历教育；高速公路通行费；非企业性单位提供与技术相关的服务

高频考点 · 税收优惠★★★

【多选题】下列税收措施中，属于税收优惠形式的有（ ）。
A. 起征点　　　　B. 即征即退　　　　C. 免征额
D. 税收附加　　　E. 税收加成

解析　选项DE，税收附加和税收加成是加重纳税人负担的措施。
【答案】ABC

【单选题】下列行为免征增值税的是（ ）。
A. 销售食用植物油　B. 批发销售蔬菜　C. 销售家用驱蚊剂　D. 销售宠物饲料

解析　选项B，自2012年1月1日起对从事蔬菜批发、零售的纳税人销售的蔬菜免征增值税。
【答案】B

【多选题】2024年1—3月，某企业（小规模纳税人）各月取得不含税销售收入依次为7万元、9万元和24万元（含当月销售不动产取得不含税销售收入15万元），上述业务的增值税处理方法中，正确的有（ ）。

A. 纳税期限，一经选择，一个会计年度内不得变更
B. 如果放弃免税，可以就放弃免税的该笔销售收入开具增值税专用发票
C. 如果按月纳税，销售不动产应在不动产所在地预缴税款
D. 如果按月纳税，1—3月全部销售额均可享受免税政策
E. 如果按季纳税，第一季度全部销售额不享受免税政策

解析　选项D，小规模纳税人发生增值税应税销售行为，合计月销售额超过10万元，但扣除本期发生的销售不动产的销售额后未超过10万元的，其销售货物、劳务、服务、无

形资产取得的销售额免征增值税。扣除不动产后的销售额为9万元，免税，但是当月销售不动产取得销售收入15万元，应该纳税。选项E，该纳税人选择按季纳税，第一季度销售额合计40万元，超过季度销售额30万元的免税标准，但扣除本期发生的销售不动产的销售额后未超过30万元的，其销售货物、劳务、服务、无形资产取得的销售额免征增值税。

【答案】 ABC

【多选题】下列选项中属于免征增值税的有（　　）。
A. 承担粮食收储任务的国有粮食购销企业销售大豆
B. 一般商贸企业销售大豆
C. 农场销售由自产大豆生产的自榨豆油
D. 农场销售由自产大豆生产的豆粕
E. 农场销售自产大豆

【解析】 选项B，其他粮食企业经营粮食、销售食用植物油、其他销售食用油的业务一律征收增值税。选项CD，不属于农业生产者销售自产农产品，豆油不属于初级农产品，豆粕不属于免税饲料。

【答案】 AE

【单选题】下列选项中属于免征增值税的是（　　）。
A. 供热企业向高新技术企业供热　　B. 专业培训机构提供培训服务
C. 从事蔬菜批发的纳税人销售的蔬菜　　D. 个人出租住房

【解析】 自2012年1月1日起，对从事蔬菜批发、零售的纳税人销售的蔬菜免征增值税。

【答案】 C

【多选题】根据增值税规定，下列各项免征流通环节增值税的有（　　）。
A. 蔬菜　　　　　　　　　　B. 图书
C. 进口的抗艾滋病病毒药物　　D. 鸡蛋
E. 鲜猪肉

【解析】 自2012年1月1日起，免征蔬菜流通环节的增值税。自2012年10月1日起，免征部分鲜活肉蛋产品流通环节的增值税。自2021年1月1日至2027年12月31日，免征图书批发、零售环节的增值税。

【答案】 ABDE

【单选题】某超市为增值税一般纳税人，2024年6月销售蔬菜取得零售收入24000元，销售肉蛋取得零售收入20000元，销售粮食、食用植物油取得零售收入10000元，销售日化商品取得零售收入50000元，该超市当月销项税额为（　　）元。
A. 6902.65　　　　B. 6577.90　　　　C. 10210.93　　　　D. 11964.60

【解析】 根据规定，免征蔬菜、部分鲜活肉蛋产品流通环节的增值税。自2019年4月1日起，粮食、食用植物油的增值税税率为9%，其他商品的增值税税率为13%。

销项税额=10000/（1+9%）×9%+50000/（1+13%）×13%=6577.90元

【答案】B

【单选题】根据增值税政策的规定，下列项目免征增值税的是（　　）。
A. 销售不动产　　　　　　　　B. 退役士兵创业就业
C. 个人转让著作权　　　　　　D. 飞机修理业务

解析　根据增值税政策的规定，个人转让著作权免征增值税。

【答案】C

【单选题】下列项目中，免征增值税的是（　　）。
A. 婚姻介绍服务　　　　　　　B. 个人销售受赠的住房
C. 职业培训机构提供的非学历教育服务　　D. 个人提供修理修配劳务

解析　选项B，个人销售自建自用住房，免征增值税。选项C，一般纳税人提供非学历教育服务，可以选择适用简易计税方法按照3%征收率计算应纳税额。选项D，个人提供修理修配劳务征收增值税。

【答案】A

【多选题】下列行为属于增值税特定减免税优惠项目的有（　　）。
A. 民办幼儿园开设特色收费的项目　　B. 残疾人个人提供的修理修配劳务
C. 养老机构提供的养老服务　　　　　D. 残疾人个人出租住房
E. 残疾人个人销售自己使用过的物品

解析　选项AD，为增值税应税项目。选项E，其他个人销售自己使用过的物品是法定免税项目，不符合题干要求。

【答案】BC

【单选题】下列金融服务中免征增值税的是（　　）。
A. 保险公司提供财产保险服务
B. 银行对大型企业的贷款业务
C. 企业集团内单位之间的资金无偿借贷行为
D. 证券公司转让有价证券

解析　选项ABD，均应计征增值税。选项C，自2019年2月1日至2027年12月31日，对企业集团内单位（含企业集团）之间的资金无偿借贷行为，免征增值税。

【答案】C

【多选题】下列关于增值税起征点的说法，正确的有（　　）。
A. 起征点的调整由当地人民政府规定
B. 按期纳税的，起征点为月销售额5000~20000元（含本数）
C. 按次纳税的，起征点为每次（日）销售额300~500元（含本数）

D. 适用范围包括被认定为一般纳税人的个体工商户

E. 对销售额超过起征点的，对超过部分征收增值税

解析 选项A，起征点的调整由财政部和国家税务总局规定。选项D，增值税起征点的适用范围限于个人，不包括被认定为一般纳税人的个体工商户。选项E，销售额超过起征点的，全额纳税。

【答案】BC

【单选题】某便利店为增值税小规模纳税人，2024年11月销售货物取得含税收入40000元，代收水电煤等公共事业费共计50000元，取得代收手续费收入1500元，以1个月为1个纳税期，该便利店2024年11月应纳增值税为（　　）元。

A. 0　　　　　　　B. 1208.74　　　　　　C. 1236.48　　　　　D. 2664.05

解析 自2023年1月1日至2027年12月31日，小规模纳税人发生增值税应税销售行为，合计月销售额未超过10万元（以1个季度为1个纳税期的，季度销售额未超过30万元）的，免征增值税。该便利店当月应纳增值税为0。

【答案】A

【多选题】关于小规模纳税人增值税政策，下列说法正确的有（　　）。

A. 自2023年1月1日至2027年12月31日，小规模纳税人月销售额扣除本期发生的销售不动产销售额后，未超过10万元的，其销售货物、劳务、服务、无形资产取得的销售额免征增值税

B. 自2023年1月1日至2027年12月31日，小规模纳税人发生应税销售行为，合计月销售额未超过10万元的，免征增值税

C. 自2023年1月1日至2027年12月31日，适用增值税差额征税政策的小规模纳税人，以差额后的销售额确定是否可以享受月销售额10万元及以下免征增值税的政策

D. 自2023年1月1日至2027年12月31日，增值税小规模纳税人适用3%预征率的预缴增值税项目，减按1%预征率预缴增值税

E. 自2023年1月1日起，其他个人出租不动产一次性收取两个月租金15万元，不能享受免征增值税的政策

解析 选项E，自2023年1月1日起，其他个人，采取一次性收取租金形式出租不动产取得的租金收入，可在对应的租赁期内平均分摊，分摊后的月租金收入未超过10万元的，免征增值税。

【答案】ABCD

【单选题】一般纳税人销售自行开发生产软件产品的增值税优惠政策的是（　　）。

A. 即征即退　　　B. 先征后退　　　C. 减半征收　　　D. 先征后返

解析 自2019年4月1日起，增值税一般纳税人销售其自行开发生产的软件产品，按13%税率征收增值税后，对其增值税实际税负超过3%的部分实行即征即退政策。

【答案】A

【多选题】 一般纳税人的下列行为中，享受增值税实际税负超过3%的部分即征即退优惠政策的有（　　）。

A. 有形动产融资租赁
B. 销售自产的利用风力生产的电力产品
C. 飞机维修劳务
D. 提供管道运输服务
E. 国内铂金生产企业自产自销的铂金

解析 选项B，销售自产的利用风力生产的电力产品即征即退50%。选项C，对飞机维修劳务增值税实际税负超过6%的部分即征即退。选项E，国内铂金生产企业自产自销的铂金，实行即征即退政策。

【答案】 AD

拓展　即征即退政策总结

资源综合利用产品和劳务	即征即退30%、50%、70%、90%、100%
风力发电	即征即退50%
黄金期货交易	即征即退100%
铂金交易	
修理修配劳务	实际税负超过6%的部分即征即退
软件产品	实际税负超过3%的部分即征即退
管道运输服务	
安置残疾人	限额即征即退

【单选题】 某网络游戏开发公司为增值税一般纳税人，2023年3月，销售自行开发的网络游戏软件取得不含税销售额900万元，自行开发软件运维服务不含税销售额100万元。本月购进材料取得增值税专用发票上注明税额40万元。本月即征即退增值税（　　）万元。

A. 60　　　　B. 54　　　　C. 53　　　　D. 50

解析 销售软件产品应缴纳的增值税=（软件）销900×13%-（软件）进40×900/（900+100）=81万元，即征即退税额=（软件）应纳税额-（软件）销售额×3%=81-900×3%=54万元。

【答案】 B

【单选题】 某中国人民银行批准设立的融资租赁企业为一般纳税人，2023年2月取得有形动产融资租赁业务不含税收入100万元，向金融机构贷款支付利息10万元，当月购进融资租赁业务相关材料及服务，取得增值税专用发票，金额40万元，税额5.2万元，当月抵扣进项税，该企业当月实际负担增值税为（　　）万元。

A. 3.80　　　B. 4.20　　　C. 7.80　　　D. 2.70

解析 有形动产融资租赁业务属于租赁，适用税率13%。经中国人民银行、银保监会或者商务部批准从事融资租赁业务的试点纳税人，提供融资租赁服务，以取得的全部价款和价外费用，扣除支付的借款利息（包括外汇借款和人民币借款利息）、发行债券利息和车辆购置税后的余额为销售额。应纳税额=（100-10）×13%-5.2=6.5万元。经批准从事融

27

资租赁业务的一般纳税人提供有形动产融资租赁业务,对其增值税实际税负超过3%的部分实行增值税即征即退政策。即征即退税额=6.5－（100－10）×3%＝3.8万元,实际负担增值税额＝（100－10）×3%＝2.7万元。

【答案】D

【单选题】下列关于增值税先征后退的说法中,正确的是（　　）。
A. 外文图书出版适用增值税100%先征后退政策
B. 少数民族文字出版物印刷业务适用增值税50%先征后退政策
C. 少年儿童期刊适用增值税50%先征后退政策
D. 盲文印刷出版物适用增值税100%先征后退政策

【解析】选项A,没有先征后退100%的规定。选项B,出版环节和印刷、制作都可以执行增值税100%先征后退的政策。选项C,符合条件的出版物出版环节执行增值税100%先征后退的政策。

【答案】D

【多选题】关于增值税税收优惠,下列说法正确的有（　　）。
A. 对纳税人销售自产的利用风力生产的电力产品,实行增值税即征即退50%的政策
B. 纳税人初次购买增值税税控系统专用设备支付的费用及纳税人缴纳的技术维护费可在增值税应纳税额中全额抵减
C. 对安置残疾人的单位和个体工商户,由税务机关按纳税人安置残疾人的人数,限额扣减增值税
D. 自主就业退役士兵从事个体经营的,自办理个体工商户登记当月起,在3年内予以先征后返增值税
E. 自2022年1月1日至2025年12月31日,对境内单位和个人以出口货物为保险标的的产品责任保险免征增值税

【解析】选项C,对安置残疾人的单位和个体工商户,由税务机关按纳税人安置残疾人的人数,限额即征即退增值税。选项D,自主就业退役士兵从事个体经营的,自办理个体工商户登记当月起,在3年（36个月）内按每户每年20000元为限额依次扣减其当年实际应缴纳的增值税、城市维护建设税、教育费附加、地方教育附加和个人所得税。

【答案】ABE

> **高频考点** · 销项税额★★★

【单选题】2024年3月,某博物馆（一般纳税人）取得第一道门票收入30万元,馆内主题展览收入300万元,文创工艺品销售收入240万元。以上应税收入均为含税收入,该博物馆当月应计算增值税销项税额（　　）万元。
A. 44.59　　　　B. 46.29　　　　C. 30.57　　　　D. 27.61

解析 该博物馆当月应计算增值税销项税额＝300/（1＋6%）×6%＋240/（1＋13%）×13%＝44.59万元

纪念馆、博物馆、文化馆、文物保护单位管理机构、美术馆、展览馆、书画院、图书馆在自己的场所提供文化体育服务取得的第一道门票收入，免征增值税。

【答案】 A

【单选题】 2024年3月，某信息技术公司（一般纳税人）提供信息技术服务取得不含税销售额150万元，出售自己使用过的设备取得含税收入20万元，该公司放弃减税优惠，适用简易计税方法计税，开具增值税专用发票。支付云服务器使用费、打印机租赁费，取得按适用税率开具的增值税专用发票，注明金额分别为30万元、10万元。该公司当期应纳增值税（　　）万元。

A. 6.40　　　　B. 4.59　　　　C. 6.48　　　　D. 6.00

解析 该公司当期应纳增值税＝150×6%－30×6%－10×13%＋20/（1＋3%）×3%＝6.48万元

一般纳税人销售自己使用过的固定资产，适用简易计税方法依照3%征收率减按2%征收增值税的，可以放弃减税，按照简易计税方法依照3%征收率缴纳增值税，开具增值税专用发票。

【答案】 C

【多选题】 关于增值税纳税义务和扣缴义务发生时间，下列说法正确的有（　　）。

A. 从事金融商品转让的，为收到销售额的当天
B. 赠送不动产的，为不动产权属变更的当天
C. 以预收款方式提供租赁服务的，为服务完成的当天
D. 以预收款方式销售货物（除特殊情况外）的，为货物发出的当天
E. 扣缴义务发生时间为纳税人增值税纳税义务发生的当天

解析 选项A，纳税人从事金融商品转让的，为金融商品所有权转移的当天。选项C，纳税人提供租赁服务采取预收款方式的，其纳税义务发生时间为收到预收款的当天。

【答案】 BDE

拓展　纳税义务发生时间总结

情形	纳税义务发生时间
直接收款	直接收款方式销售货物，不论货物是否发出，均为收到销售款或取得索取销售款凭据的当天
托收承付委托收款	发出货物并办妥托收手续的当天
赊销或分期收款	书面合同约定的收款日期当天 无书面合同或书面合同没有约定收款日期的，为货物发出的当天

续表

情形	纳税义务发生时间
预收款	一般情形：货物发出的当天
	生产工期超过12个月的大型机械设备、船舶、飞机等：收到预收款或合同约定的收款日当天
	租赁服务：收到预收款的当天
委托代销	收到代销单位的代销清单、收到全部或者部分货款、发出代销货物满180天的当天，三者孰早
视同销售（除代销外）	货物：移送的当天
	服务、无形资产：转让完成的当天
	不动产：权属变更的当天
金融商品转让	所有权转移的当天
利息	金融企业发放贷款后，自结息日起90天内发生的应收未收利息按现行规定缴纳增值税，自结息日起90天后发生的应收未收利息暂不缴纳增值税，待实际收到利息时按规定缴纳增值税
建筑服务	被工程发包方从应支付的工程款中扣押的质押金、保证金，未开具发票的，以纳税人实际收到质押金、保证金的当天为纳税义务发生时间

【单选题】某配件厂为增值税一般纳税人，2023年9月采用分期收款方式销售配件，合同约定不含税销售额150万元，当月应收取60%的货款。由于购货方资金周转困难，本月实际收到货款50万元，并按合同约定收取了延期付款违约金1万元，配件厂按照实际收款额开具了增值税专用发票。上年未决诉讼判决，收到由于对方一直未能交货而产生的违约金10万元。当月厂房装修，从一般纳税人处购进中央空调，取得增值税专用发票，注明不含税价款10万元。当月该配件厂应纳增值税（　　）万元。

A. 18.20　　　　B. 11.70　　　　C. 10.52　　　　D. 10.40

解析　当月该配件厂应纳增值税 = 150 × 60% × 13% + 1/1.13 × 13% − 10 × 13% = 10.52万元。

【答案】C

【单选题】某企业为增值税一般纳税人，对外出租房屋（2020年购置），由于承租方（增值税一般纳税人）提前解除租赁合同，收取承租方的违约金。关于收取的违约金，下列税务处理正确的是（　　）。

A. 不需要缴纳增值税

B. 按照5%征收率缴纳增值税

C. 按照9%税率缴纳增值税
D. 需要缴纳增值税，不得开具增值税专用发票

【解析】 增值税的计税销售额为纳税人发生应税销售行为收取的全部价款和价外费用，但是不包括增值税。价外费用，是指价外向购买方收取的手续费、补贴、基金、集资费、返还利润、奖励费、违约金、滞纳金、延期付款利息、赔偿金、代收款项、代垫款项、包装费、包装物租金、储备费、优质费、运输装卸费以及其他各种性质的价外收费。价外费用按其所属项目的适用税率或征收率计算缴纳增值税，出租房屋于2020年购置，适用一般计税方法，税率为9%，因此违约金应按照9%税率缴纳增值税。

【答案】 C

【单选题】 甲服装厂为增值税一般纳税人，2024年9月销售给乙企业300套服装，不含税价格为700元/套。由于乙企业购买数量较多，甲服装厂给予乙企业7折的优惠，并按原价开具了增值税专用发票，折扣额在同一张发票的"备注"栏注明。甲服装厂当月的销项税额为（　　）元。

A. 19110　　　　　B. 27300　　　　　C. 36890　　　　　D. 47600

【解析】 纳税人采取折扣销售方式销售货物，如果销售额和折扣额在同一张发票的"金额"栏分别注明，可以按折扣后的销售额征收增值税；未在同一张发票"金额"栏注明折扣额，而仅在发票的"备注"栏注明折扣额的，折扣额不得从销售额中减除。

甲服装厂当月的销项税额＝300×700×13%＝27300元

【答案】 B

【单选题】 某工艺品厂为增值税一般纳税人，2024年6月2日销售给甲企业200套工艺品，每套不含税价格600元。由于部分工艺品存在瑕疵，该工艺品厂给予甲企业15%的销售折让，已开具红字专用发票。为了鼓励甲企业及时付款，该工艺品厂提出2/20，n/30的付款条件，甲企业于当月15日付款。该工艺品厂此项业务的销项税额为（　　）元。

A. 15600.00　　　B. 16320.00　　　C. 13260.00　　　D. 20400.00

【解析】 销售折让是指由于货物的品种或质量等原因引起销售额的减少，即销货方给予购货方未予退货状况下的价格折让，销售折让可以从销售额中减除。销售折扣是为了鼓励购货方及时偿还货款而给予的折扣优待，销售折扣不得从销售额中减除。

该工艺品厂此项业务的销项税额＝600×200×（1－15%）×13%＝13260元

【答案】 C

【单选题】 某企业为增值税一般纳税人，2024年3月销售一批钢材取得含税销售额58万元。2024年5月因质量问题该批钢材被全部退回，企业按规定开具红字发票；5月份销售钢材取得不含税销售额150万元。该企业5月增值税销项税额为（　　）万元。

A. 11.50　　　　　B. 11.96　　　　　C. 12.83　　　　　D. 13.00

【解析】 该企业5月增值税销项税额＝150×13%－58/（1＋13%）×13%＝12.83万元

【答案】 C

【单选题】甲企业 2024 年 3 月以含税价格 65540 元（成本价为 45666 元）的自产产品（适用 13% 增值税税率，成本利润率 8%）与乙公司换取含税价格为 46640 元的会计咨询服务，乙企业另支付其交换差价 18900 元。双方均为增值税一般纳税人，均对此取得增值税专用发票。甲企业当期应纳增值税（　　）元。

　　A. 7540　　　　　　B. 9620　　　　　　C. 6318　　　　　　D. 4900

解析　采用以物易物方式销售，以物易物双方都应作购销处理，以各自发出的货物核算销售额并计算销项税额，以各自收到的货物核算购货额及进项税额。甲企业应缴纳的销项税额 = 65540/（1 + 13%）×13% = 7540 元。甲企业取得乙企业开具的专用发票，进项税额 = 46640/（1 + 6%）×6% = 2640 元。甲企业当期应纳增值税 = 7540 - 2640 = 4900 元

【答案】 D

【单选题】某金银饰品店为增值税一般纳税人，2024 年 10 月销售金银首饰取得不含税销售额 50 万元，另以旧换新销售金银首饰，按新货物销售价格确定的含税收入 25.2 万元，回收旧金银首饰作价 11.6 万元（含税）。当月可抵扣的进项税额为 6.17 万元。该金银饰品店当月应纳增值税（　　）万元。

　　A. 3.99　　　　　　B. 2.63　　　　　　C. 4.61　　　　　　D. 1.89

解析　采取以旧换新方式销售金银首饰的，按实际收取的不含增值税的价款计算纳税。自 2019 年 4 月 1 日起，金银首饰适用 13% 的增值税税率。

　　当月应纳增值税 = 50 × 13% +（25.2 - 11.6）/（1 + 13%）× 13% - 6.17 = 1.89 万元

【答案】 D

【单选题】某首饰商店为增值税一般纳税人，2023 年 2 月采取以旧换新方式向消费者销售金项链 3000 条，新项链每条零售价 0.55 万元，旧项链每条作价 0.48 万元，每条项链取得的差价款 0.07 万元，将上述旧项链翻新后，当月向消费者销售 600 条，每条零售价 0.53 万元。该首饰商店当月应缴纳增值税销项税额为（　　）万元。

　　A. 36.59　　　　　　B. 41.35　　　　　　C. 60.74　　　　　　D. 226.41

解析　应缴纳增值税销项税额 = 0.07 × 3000/1.13 × 13% + 600 × 0.53/1.13 × 13% = 60.74 万元

【答案】 C

【单选题】某家电商场为增值税一般纳税人，2024 年 1 月采取以旧换新方式销售冰箱，取得零售收入 100 万元，其中包括回收旧冰箱价款 8 万元。该商场当月应计算增值税销项税额（　　）万元。

　　A. 11.96　　　　　　B. 10.58　　　　　　C. 13　　　　　　D. 11.50

解析　该商场当月应计算增值税销项税额 = 100/（1 + 13%）× 13% = 11.50 万元

【答案】 D

【单选题】某啤酒厂为增值税一般纳税人，2024年8月销售啤酒3000吨，取得不含税销售额800万元，并收取包装物押金226万元，本月逾期未退还包装物押金56.5万元。2024年8月该啤酒厂增值税销项税额为（　　）万元。

  A. 110.50   B. 136.12   C. 136.07   D. 145.95

解析　啤酒的增值税税率为13%。啤酒包装物押金在逾期时才需缴纳增值税。

应缴纳增值税销项税额 = 800 × 13% + 56.5 / (1 + 13%) × 13% = 110.50万元

【答案】A

【多选题】某白酒厂为增值税一般纳税人，2024年2月销售粮食白酒5吨，开具的增值税专用发票上注明金额为20万元。另收取包装物押金1万元，包装物租金1万元，包装费1万元，没收白酒逾期包装物押金1.5万元。下列说法正确的有（　　）。

  A. 2024年2月没收逾期包装物押金不缴纳增值税和消费税

  B. 2024年2月收取的包装物租金不缴纳增值税和消费税

  C. 2024年2月收取的包装费不缴纳增值税和消费税

  D. 2024年2月该白酒厂增值税销项税额为2.95万元

  E. 2024年2月该白酒厂应缴纳消费税为6.53万元

解析　对于除啤酒、黄酒之外的酒类，包装物押金在收取的当时就要计征增值税，逾期时不再征收增值税。收取的包装物租金、包装费要作为价外费用并入当期销售额征收增值税和消费税。

增值税销项税额 = [20 + (1 + 1 + 1) / 1.13] × 13% = 2.95万元

应缴纳消费税 = 5 × 2000 × 0.5 / 10000 + [20 + (1 + 1 + 1) / 1.13] × 20% = 5.03万元

【答案】AD

【单选题】关于增值税的销售额，下列说法正确的是（　　）。

  A. 经纪代理服务，以取得全部价款和价外费用为销售额

  B. 旅游服务，一律以取得的全部价款和价外费用为销售额

  C. 航空运输企业的销售额，不包括收取的机场建设费

  D. 劳务派遣服务，一律以取得的全部价款和价外费用为销售额

解析　选项A，经纪代理服务，以取得的全部价款和价外费用，扣除向委托方收取并代为支付的政府性基金或者行政事业性收费后的余额为销售额。选项B，纳税人提供旅游服务，可以选择以取得的全部价款和价外费用，扣除向旅游服务购买方收取并支付给其他单位或者个人的住宿费、餐饮费、交通费、签证费、门票费和支付给其他接团旅游企业的旅游费用后的余额为销售额。选项D，纳税人提供劳务派遣服务，可以以取得的全部价款和价外费用为销售额，也可以选择差额纳税，以取得的全部价款和价外费用，扣除代用工单位支付给劳务派遣员工的工资、福利和为其办理社会保险及住房公积金后的余额为销售额。

【答案】C

【单选题】 下列关于增值税销售额的特殊规定，说法正确的是（　　）。

A. 提供客运场站服务，以取得的全部价款和价外费用为销售额
B. 提供签证代理服务，以取得的全部价款和价外费用为销售额
C. 提供经纪代理服务，以取得的全部价款和价外费用为销售额
D. 金融机构开展贴现业务，以其实际持有票据期间取得的利息收入作为贷款服务销售额

【解析】 选项A，一般纳税人提供客运场站服务，以其取得的全部价款和价外费用，扣除支付给承运方运费后的余额为销售额。选项B，纳税人提供签证代理服务，以取得的全部价款和价外费用，扣除向服务接受方收取并代为支付给外交部和外国驻华使（领）馆的签证费、认证费后的余额为销售额。选项C，纳税人提供经纪代理服务，以取得的全部价款和价外费用，扣除向委托方收取并代为支付的政府性基金或者行政事业性收费后的余额为销售额。

【答案】 D

【多选题】 关于增值税一般纳税人计税销售额，下列说法正确的有（　　）。

A. 金融商品转让按照卖出价扣除买入价后的余额为销售额
B. 提供物业管理服务的纳税人向服务接受方收取的自来水水费，以扣除其对外支付的自来水水费后的余额为销售额
C. 经纪代理服务以取得的全部价款和价外费用，扣除佣金和手续费后的余额为销售额
D. 提供客运场站服务以其取得的全部价款和价外费用，扣除支付给承运方运费的余额为销售额
E. 航空运输企业以其取得的收入扣除航空燃油费的余额为销售额

【解析】 选项C，经纪代理服务以取得的全部价款和价外费用，扣除向委托方收取并代为支付的政府性基金或者行政事业性收费后的余额为销售额。选项E，航空运输企业的销售额，不包括代收的机场建设费和代售其他航空运输企业客票而代收转付的价款。

【答案】 ABD

【多选题】 关于增值税销售额的规定，下列表述正确的有（　　）。

A. 航空运输企业以向购买者收取的全部价款和价外费用为销售额，包括机场建设费
B. 纳税人提供旅游服务，可以选择以全部价款和价外费用，扣除向旅游服务购买方收取并支付给其他单位或者个人的住宿费、餐饮费、交通费、签证费、门票费和支付给其他接团旅游企业的旅游费用后的余额为销售额
C. 一般纳税人跨县（市、区）提供建筑服务适用简易计税方法的，以取得的全部价款和价外费用扣除支付的分包款后的余额为销售额
D. 纳税人提供劳务派遣服务，按照一般计税方法计税的，应以取得的全部价款和价外费用为销售额
E. 纳税人提供签证代理服务，以取得的全部价款和价外费用，扣除向服务接受方收取并代为支付给外交部和外国驻华使（领）馆的签证费、认证费后的余额为销售额

【解析】 选项A，航空运输企业的销售额，不包括代收的机场建设费和代售其他航空运输

企业客票而代收转付的价款。

【答案】 BCDE

【单选题】 小规模纳税人发生的下列行为，可以选择差额计税，并适用 5% 征收率的是（　　）。

A. 提供旅游服务　　　　　　　　　　B. 提供劳务派遣服务
C. 提供建筑服务　　　　　　　　　　D. 销售自建的不动产

解析 小规模纳税人提供劳务派遣服务，可以选择差额纳税，以取得的全部价款和价外费用，扣除代用工单位支付给劳务派遣员工的工资、福利和为其办理社会保险及住房公积金后的余额为销售额，按照 5% 的征收率计算缴纳增值税，选项 B 正确。小规模纳税人提供旅游服务，选择差额纳税，适用 3% 的征收率，选项 A 错误。小规模纳税人提供建筑服务，差额纳税，适用 3% 的征收率，选项 C 错误。小规模纳税人销售自建的不动产不能差额纳税，选项 D 错误。

【答案】 B

【单选题】 对下列增值税应税行为计算销项税额时，按照全额确定销售额的是（　　）。

A. 贷款服务　　　　　　　　　　　　B. 一般纳税人提供旅游服务
C. 金融商品转让　　　　　　　　　　D. 经纪代理服务

解析 选项 BCD，差额征收增值税。

【答案】 A

【单选题】 关于转让金融商品征收增值税的规定，下列说法正确的是（　　）。

A. 可以开具增值税专用发票
B. 按照卖出价扣除买入价后的余额为计税销售额
C. 转让金融商品出现的负差可结转到下一个会计年度的金融商品销售中抵扣
D. 公司首次公开发行股票并上市形成的限售股，以及上市首日至解禁日期间由上述股份孳生的送、转股，以该上市公司股票首次公开发行（IPO）次日的收盘价为买入价

解析 选项 A，转让金融商品，采用差额计税，不得开具增值税专用发票。选项 C，转让金融商品出现的正负差，按盈亏相抵后的余额为销售额。若相抵后出现负差，可结转下一纳税期与下期转让金融商品销售额相抵，但年末时仍出现负差的，不得转入下一个会计年度。选项 D，公司首次公开发行股票并上市形成的限售股，以及上市首日至解禁日期间由上述股份孳生的送、转股，以该上市公司股票首次公开发行（IPO）的发行价为买入价。

【答案】 B

【多选题】 某企业为增值税一般纳税人，2024 年 5 月买入 A 上市公司股票，买入价 300 万元，支付手续费 0.1 万元。当月卖出其中的 60%，卖出价 140 万元。2024 年 6 月，卖出剩余的 40%，卖出价 200 万元，支付手续费 0.06 万元，印花税 0.2 万元。下列说法正确的有（　　）。（已知 2023 年末该企业有金融商品转让负差 20 万元未扣除。以上价格均为含税价格）

A. 该企业在 2024 年 5 月计算金融商品转让时可以扣除上年未扣除的 20 万元负差

B. 该企业 2024 年 5 月应缴纳增值税 0 万元

C. 该企业 2024 年 6 月应缴纳增值税 2.26 万元

D. 该企业转让金融商品可以开具增值税专用发票

E. 该企业转让金融商品免征增值税

解析 金融商品转让，按照卖出价扣除买入价后的余额为销售额，转让金融商品出现的正负差，按盈亏相抵后的余额为销售额。

5 月金融商品转让差额 = 140 - 300 × 60% = -40 万元

该企业 6 月应缴纳增值税 = （200 - 300 × 40% - 40）/ （1 + 6%） × 6% = 2.26 万元

【答案】 BC

拓展 金融商品转让的增值税处理：

(1) 金融商品转让，按卖出价扣除买入价后的余额为销售额。

销售额 = （卖出价 - 买入价 - 当年负差）/ （1 + 税率或征收率）

(2) 转让金融商品不得开具增值税专用发票。

(3) 卖出价和买入价均为含增值税金额，应价税分离后计税。不考虑其他买入和卖出过程中的税费。

(4) 转让金融商品出现的正负差，按盈亏相抵后的余额为销售额。负差年内可结转，但不得转入下年。

(5) 买入价可选择加权平均或移动加权平均法确定，选择后 36 个月内不得变更。

(6) 单位将其持有的限售股在解禁流通后对外转让，按相关规定确定的买入价，低于该单位取得限售股的实际成本价的，以实际成本价为买入价计算缴纳增值税。

【多选题】 2023 年第二季度至第四季度，某商业银行（增值税一般纳税人）转让金融商品有关情况如下，第二季度卖出价 100 万元，买入价 80 万元；第三季度卖出价 70 万元，买入价 80 万元；第四季度卖出价 90 万元，买入价 95 万元。上述价款均为含税金额，下列增值税处理正确的有（　　）。

A. 第四季度金融商品卖出价和买入价的负差可结转 2024 年第一季度

B. 第二季度增值税销项税额 1.13 万元

C. 第四季度无需缴纳增值税

D. 第三季度无需缴纳增值税

E. 第三季度金融商品卖出价和买入价的负差可结转第四季度

解析 选项 AE，金融商品转让年末出现的负差，不得结转下一个会计年度；在同一个会计年度内，本纳税期产生的负差可以结转到下一纳税期进行相抵。

选项 B，第二季度缴纳增值税销项税额 = （100 - 80）/ （1 + 6%） × 6% = 1.13 万元。

【答案】 BCDE

【单选题】 金融机构提供贷款服务，增值税计税销售额是（　　）。

A. 贷款利息收入扣除金融服务收取的手续费后的余额

B. 取得的全部利息收入扣除借款利息后的余额

C. 取得的全部利息及利息性质的收入
D. 结息当日收取的全部利息应计入下期销售额

解析 贷款服务，以提供贷款服务取得的全部利息及利息性质的收入为销售额。

【答案】 C

【单选题】 某商业银行为增值税一般纳税人，2024年第二季度提供贷款服务取得含税利息收入5300万元（其中，收到第一季度应收未收利息300万元），利息支出1000万元，提供直接收费服务取得含税收入106万元，开展贴现业务取得含税利息收入500万元，提供国家助学贷款业务取得利息收入10万元，金融同业往来利息收入50万元，该银行第二季度上述业务的销项税额为（　　）万元。

A. 157.46　　　　B. 306.06　　　　C. 334.30　　　　D. 173.03

解析 该银行第二季度销项税额=（5300+106+500）/1.06×6%=334.30万元

【答案】 C

拓展

（1）金融企业发放贷款后，自结息日起90天内发生的应收未收利息按现行规定缴纳增值税，自结息日起90天后发生的应收未收利息暂不缴纳增值税，待实际收到利息时按规定缴纳增值税。（新增）

（2）直接收费的金融服务全额计税，税率6%。

（3）自2018年1月1日起，金融机构开展贴现、转贴现业务，以其实际持有票据期间取得的利息收入作为贷款服务的销售额计算缴纳增值税。

（4）国家助学贷款利息收入免征增值税。

（5）金融同业往来利息收入免征增值税。

【单选题】 甲公司为增值税一般纳税人，2023年1月出租2018年购置的仓库，租期为1年。第1个月免租期，租金2万元/月（不含税），每季度初支付。1月收到首季度租金4万元，上述业务甲公司应确认的销项税额为（　　）万元。

A. 2.16　　　　B. 1.98　　　　C. 0.54　　　　D. 0.36

解析 应确认的销项税额=4×9%=0.36万元

纳税人出租不动产，租赁合同中约定免租期的，不属于视同销售服务。

【答案】 D

拓展 销项税额

一般销售	全部价款+价外费用（不包括代收代垫费用）；外币折算：销售额当天或当月1日汇率
价税分离	含税情形：价外费用、包装物押金、普通发票、零售额、小规模
视同销售	自己同类价、别人同类价、组价（同类价为平均价）

续表

特殊销售	折扣销售：价格折扣可扣（同一发票"金额"栏注明的） 销售折扣（现金折扣）：不可扣；折让退回：可扣 以旧换新：一般按全部售价、金银首饰按实收差价 包装物押金：一般收时不征，特殊收时征（除啤酒、黄酒以外酒类） 还本销售：不扣除还本支出 以物易物：必做销项，进项看情况 贷款服务：贷款利息、直接收费金融服务以全部利息为销售额；贴现、转贴现业务：实际持有票据期间的利息收入
差额计征	金融商品转让：卖价减买价减不过年负差 融资租赁：可扣借款利息、发行债券利息、车辆购置税 融资性售后回租：收入不含本金，可扣借款利息、发行债券利息 经纪代理：收入－政府性基金、行政事业收费 代理进口免税货物：收入－代为支付的货款 签证代理：收入－签证费、认证费 人力资源外包：收入－客户员工工资、社保、住房公积金 考试代理：收入－境外考试费 航空运输：收入－机场建设费、代收转付的价款 旅游服务：收入－住宿费、餐饮费、交通费、签证费、门票费、接团旅游费 一般纳税人客运场站服务：收入－支付给承运方的运费 房企一般计税：房开卖新房，一般计税减地款 简易计税时的差额规定——建筑服务：收入－分包款；劳务派遣：收入－派遣员工工资、福利、社保、住房公积金；转让不动产：收入－不动产购置原价或取得时的作价；物业管理水费：收取的自来水水费－对外支付的自来水水费

高频考点 · 进项税额★★★

【单选题】 关于准予从增值税销项税额中抵扣的进项税额，下列说法正确的是（　　）。
A. 纳税人自办理税务登记至登记为一般纳税人期间取得的增值税扣税凭证，一律不得在登记为一般纳税人后抵扣进项税额
B. 纳税人自境外单位购进服务，从税务机关取得的完税凭证上注明的增值税准予抵扣
C. 纳税人租入固定资产，既用于简易计税方法项目又用于集体福利的，准予全额抵扣
D. 纳税人取得不动产的进项税额可以按折旧年限分期抵扣

解析 选项A，纳税人自办理税务登记至认定或登记为一般纳税人期间，未取得生产经营收入，未按照销售额和征收率简易计算应纳税额申报缴纳增值税的，其在此期间取得的增值税扣税凭证，可以在认定或登记为一般纳税人后抵扣进项税额。选项C，纳税人租入固定资产用于简易计税方法计税项目、免征增值税项目、集体福利或者个人消费的购进货物、劳务、服务、无形资产和不动产，不得抵扣进项税额。选项D，纳税人可在购进不动产的进项

税额当期一次性抵扣，不用分期抵扣。

【答案】B

【单选题】2024年3月某企业（一般纳税人）将2022年4月购入作为民宿经营的酒店改为职工宿舍，公寓原值500万元，已计提折旧50万元。购入时取得增值税专用发票税额45万元，已申报抵扣，当月应转出的进项税额为（　　）万元。

A. 45　　　　　　　B. 4.5　　　　　　　C. 40.5　　　　　　　D. 0

【解析】已抵扣进项税额的不动产，发生非正常损失，或者改变用途，专用于简易计税方法计税项目、免征增值税项目、集体福利或者个人消费的，按照下列公式计算不得抵扣的进项税额，并从当期进项税额中扣减：不动产净值率=（不动产净值/不动产原值）×100%=（450/500）×100%=90%，不得抵扣的进项税额=已抵扣进项税额×不动产净值率=45×90%=40.5万元。

【答案】C

【多选题】根据现行增值税规定，下列登记为一般纳税人后进项税额可以从销项税额中抵扣的有（　　）。

A. 因自然灾害损失的产品所耗用的进项税额
B. 购进同时用于增值税一般计税项目和简易计税项目的固定资产所支付的进项税额
C. 将购进的商品用于投资其他公司
D. 纳税人自办理税务登记至认定或登记为一般纳税人期间，未取得生产经营收入，未按照销售额和征收率简易计算应纳税额申报缴纳增值税的进项税额
E. 提供保险服务的纳税人以现金赔付方式承担机动车辆保险责任的，将赔偿金直接支付给车辆修理劳务提供方的进项税额

【解析】选项A，因自然灾害损失的产品所耗用的进项税可以抵扣，因管理不善造成损失产品的进项税不可以抵扣。选项B，同时用于一般计税项目和简易计税项目的固定资产的进项税可以抵扣，专用于简易计税项目的固定资产进项税不可以抵扣。选项C，将购进的商品用于投资其他公司，属于增值税视同销售项目，准予抵扣进项税额。选项D，纳税人自办理税务登记至认定或登记为一般纳税人期间，未取得生产经营收入，未按照销售额和征收率简易计算应纳税额申报缴纳增值税的进项税额，可以在认定或登记为一般纳税人后抵扣进项税额。选项E，提供保险服务的纳税人以现金赔付方式承担机动车辆保险责任的，将应付给被保险人的赔偿金直接支付给车辆修理劳务提供方，不属于保险公司购进车辆修理劳务，其进项税额不得从保险公司销项税额中抵扣。

【答案】ABCD

【单选题】某医疗企业（一般纳税人），2024年3月业务如下：免税基础医疗销售额30万元，整形美容销售额800万元，领用上月已抵扣进项税额26万元的材料，该企业应纳增值税为（　　）万元。

A. 46.27　　　　　　B. 45.28　　　　　　C. 92.04　　　　　　D. 93.03

【解析】 医疗机构提供的医疗服务免征增值税。适用一般计税方法的纳税人，兼营简易计税方法计税项目、免征增值税项目而无法划分不得抵扣的进项税额，按照下列公式计算不得抵扣的进项税额：不得抵扣的进项税额＝当期无法划分的全部进项税额×（当期简易计税方法计税项目销售额＋免征增值税项目销售额）/当期全部销售额。

进项税额转出金额＝26×30/［30＋800/（1＋6%）］＝0.99万元

该企业应纳增值税＝800/（1＋6%）×6%－（0－0.99）＝46.27万元

【答案】 A

【单选题】 下列项目中，允许抵扣增值税进项税额的是（　　）。
A. 纳税人取得收费公路通行费增值税电子普通发票的道路通行费
B. 用于个人消费的购进货物
C. 纳税人购进的娱乐服务
D. 纳税人支付的贷款利息

【解析】 选项A，纳税人支付的道路通行费，按照收费公路通行费增值税电子普通发票上注明的增值税额抵扣进项税额。

选项B，购进货物用于个人消费，不得抵扣进项税额。

选项CD，纳税人购进贷款服务、娱乐服务，不得抵扣进项税额。

【答案】 A

【单选题】 下列情形属于可以抵扣进项税额的是（　　）。
A. 被拆除违章建筑所耗用的建筑服务　　B. 兼用于征税、免税项目的固定资产
C. 非正常损失毁损在产品原料中的运费　　D. 保险公司现金赔付直接支付给汽修厂

【解析】 选项ACD不得抵扣进项税额，其中选项D，提供保险服务的纳税人以现金赔付方式承担机动车辆保险责任的，将应付给被保险人的赔偿金直接支付给车辆修理劳务提供方，不属于保险公司购进车辆修理劳务，其进项税额不得从保险公司销项税额中抵扣。

【答案】 B

【单选题】 某企业为增值税一般纳税人，2024年5月员工报销的交通费和通行费合计75万元（含税），其中：45万元（不含机场建设费）为注明员工身份信息的航空运输电子客票行程单；25万元为出租车车票；4万元为高速公路通行费电子发票，1万元为桥梁通行费普通发票。该企业上述票据可抵扣进项税额（　　）万元。
A. 3.89　　　　B. 4.22　　　　C. 5.93　　　　D. 6.47

【解析】 出租车票，无法抵扣进项税额。

航空旅客运输服务可抵扣进项税额＝45/（1＋9%）×9%＝3.72万元

桥、闸通行费可抵扣进项税额＝1/（1＋5%）×5%＝0.05万元

高速公路通行费可抵扣进项税额＝4/（1＋3%）×3%＝0.12万元

准予抵扣的进项税额＝3.72＋0.05＋0.12＝3.89万元

【答案】 A

【单选题】下列关于研发机构采购国产设备抵扣增值税的说法，正确的是（　　）。

A. 均可全额抵扣

B. 已用于进项税额抵扣的，不得申报退税

C. 研发机构采购国产设备的应退税额，为增值税发票上注明的金额

D. 已办理退税的，研发机构在第五年设备所有权转移，研发机构须补缴全部已退税款

解析 选项AC，研发机构采购国产设备的应退税额，为增值税专用发票上注明的税额。研发机构采购国产设备取得的增值税专用发票，已用于进项税额抵扣的，不得申报退税；已用于退税的，不得用于进项税额抵扣。选项D，已办理增值税退税的国产设备，自增值税专用发票开具之日起3年内，设备所有权转移或移作他用的，研发机构须按照下列计算公式，向主管税务机关补缴已退税款。

应补缴税款＝增值税专用发票上注明的税额×（设备折余价值/设备原值）

设备折余价值＝增值税专用发票上注明的金额－累计已提折旧

【答案】 B

【单选题】2024年3月，某食品公司（一般纳税人）生产销售以粮食为原料加工的速冻食品取得不含税销售额300万元，从农业生产公司购入其自产农产品80万元，向从事蔬菜批发的小规模纳税人购入蔬菜50万元，均取得普通发票，当月均未领用。当月可抵扣的进项税额已申报抵扣。该公司当月应纳增值税（　　）万元。

A. 31.80　　　　　B. 27.30　　　　　C. 31.00　　　　　D. 19.80

解析 该公司当月应纳增值税＝300×13%－80×9%＝31.80万元

蔬菜流通环节免税，不得计算抵扣进项税额。纳税人取得（开具）农产品销售发票或收购发票的，以农产品销售发票或收购发票上注明的农产品买价和9%的扣除率计算进项税额。

【答案】 A

【单选题】关于增值税一般纳税人购进农产品时，可以扣除的进项税额（不考虑核定扣除情形），下列说法正确的是（　　）。

A. 已开具的农产品收购发票上注明的买价和10%的扣除率计算进项税额

B. 购进用于生产13%税率货物的农产品，按13%扣除进项税额

C. 从小规模纳税人购进农产品取得3%征收率的增值税专用发票，按照发票上注明的税额为进项税额

D. 购进用于生产低税率货物的农产品，取得的农产品销售发票注明的农产品买价和9%的扣除率计算进项税额

解析 选项A，按已开具的农产品收购发票上注明的买价和9%的扣除率计算进项税额。

选项B，购进用于生产13%税率货物的农产品，按10%扣除进项税额。

选项C，从按照简易计税方法依照3%征收率计算缴纳增值税的小规模纳税人取得增值税专用发票的，以增值税专用发票上注明的金额和9%的扣除率计算进项税额。

【答案】 D

【单选题】某纺织品生产企业为增值税一般纳税人，2024年5月向商场销售纺织品取得不含税价款1500万元，开具增值税专用发票。向个体经销商销售纺织品取得含税销售收入1200万元，开具增值税普通发票。当月从农业生产者手中购进棉花（尚未被生产领用）收购凭证注明买价为300万元，向一般纳税人企业购进棉纱支付不含税价款800万元，取得增值税专用发票。2024年5月该纺织品生产企业应纳增值税（ ）万元。

  A. 242.36   B. 202.05   C. 272.00   D. 316.00

解析　应纳增值税＝1500×13%＋1200/（1＋13%）×13%－300×9%－800×13%＝202.05万元

【答案】 B

【单选题】甲烟厂为增值税一般纳税人，2023年3月从烟农处收购烟叶，实际支付价款总额50万元，开具收购发票，支付运费取得专用发票，税额为0.36万元，本月领用上月购进账面成本20万元库存烟叶和本月购进烟叶的80%生产卷烟。甲烟厂本月从销项税中抵扣的进项税是（ ）万元。

  A. 6.24   B. 6.44   C. 5.46   D. 6.46

解析　可以抵扣进项税＝50×1.2×9%＋50×1.2×80%×1%＋20/（1－9%）×1%＋0.36＝6.46万元

【答案】 D

【单选题】某生产企业为增值税一般纳税人（未实行农产品进项税额核定扣除），2024年10月，从小规模纳税人处购入初级农业产品，取得增值税专用发票，发票上注明金额100000元、税额1000元，当月全部领用生产适用税率13%的货物。该批农产品可抵扣进项税额（ ）元。

  A. 13000   B. 9000   C. 10000   D. 1000

解析　纳税人购进农产品，从依照3%征收率计算缴纳增值税的小规模纳税人取得3%征收率增值税专用发票的，以增值税专用发票上注明的金额和9%的扣除率计算进项税额。纳税人购进农产品用于生产或者委托加工13%税率货物的，按照10%的扣除率计算进项税额。本题该小规模纳税人开具的是1%征收率的增值税专用发票，不适用上述计算抵扣进项税额的政策，但可以凭票面税额1000元抵扣进项税额。

【答案】 D

【单选题】某果汁加工厂为增值税一般纳税人，2024年8月盘点时发现之前外购的一批免税农产品尚未生产领用因管理不善全部毁损，农产品账面成本22620元，外购库存的一批包装物因发生自然灾害全部毁损，账面成本32000元，农产品和包装物的进项税额均已抵扣，该加工厂2024年8月应转出进项税额（ ）元。

  A. 2940.6   B. 2237.14   C. 8380.6   D. 8820.0

解析　自然灾害造成的损失不必做进项税额转出。

该加工厂 2024 年 8 月应转出进项税额 =22620/（1 -9%）×9% =2237.14 元

【答案】B

【单选题】某制药厂为增值税一般纳税人，2023 年 5 月销售应税药品取得不含税收入 100 万元，销售免税药品取得收入 50 万元。当月购入原材料一批，取得增值税专用发票，注明税款 6.8 万元。从小规模纳税人购入农产品，取得增值税专用发票，注明金额 8 万元、税额 0.24 万元，当月未生产领用。应税药品与免税药品无法划分耗料情况。该制药厂当月应缴纳增值税（　　）万元。

A. 6.20　　　　B. 7.99　　　　C. 10.73　　　　D. 13.00

解析　农产品计算抵扣 =8 ×9% =0.72 万元

不得抵扣的进项税额 = 当期无法划分的全部进项税额 ×（当期简易计税方法计税项目销售额 + 免征增值税项目销售额）/当期全部销售额 =（6.8 +0.72）×50/（100 +50）=2.51 万元

当期准予抵扣的进项税额 =（6.8 +0.72）-2.51 =5.01 万元

当期应纳增值税 =100 ×13% -5.01 =7.99 万元

【答案】B

【多选题】某化妆品厂为增值税一般纳税人，2024 年 2 月从农民手中收购鲜花，开具的农产品收购发票上注明买价 500 万元，从小规模纳税人手中购入鲜花，取得 3% 征收率的增值税专票注明金额 600 万元，并用当月从农民手中收购鲜花的 80% 和从小规模纳税人手中购入鲜花的 60% 委托 B 化妆品厂加工高档化妆品，当月将加工的高档化妆品收回后 50% 用于连续加工高档化妆品，支付加工费 100 万元，取得增值税专用发票。高档化妆品消费税税率 15%，B 化妆品厂无同类产品。2024 年 3 月，化妆品厂将其余鲜花全部领用。下列说法正确的有（　　）。

A. 化妆品厂当月准予从销项税额中抵扣的进项税额 119.6 万元
B. B 厂代收代缴消费税，组成计税价格中材料成本为 684 万元
C. B 厂应代收代缴消费税 138.35 万元
D. 化妆品厂当月可扣除消费税 70.13 万元
E. 下个月将其余农产品均领用，可以抵扣增值税 3.6 万元

解析　选项 A，从农民手中收购的鲜花计算抵扣的进项税额 =500 ×20% ×9% +500 ×80% ×10% =49 万元。从小规模纳税人购入的鲜花计算抵扣的进项税额 =600 ×40% ×9% +600 ×60% ×10% =57.6 万元。加工费进项税额 =100 ×13% =13 万元。化妆品厂当月准予从销项税额中抵扣的进项税额合计 =49 +57.6 +13 =119.6 万元

选项 B，委托加工的鲜花成本 =500 ×80% ×90% +600 ×（1 +3%）×60% -600 ×60% ×10% =694.8 万元，选项 B 错误。

选项 C，B 厂应代收代缴消费税 =（694.8 +100）/（1 -15%）×15% =140.26 万元，选项 C 错误。

选项 D，化妆品厂将委托加工的高档化妆品收回后 50% 用于连续加工高档化妆品，可以扣除消费税 =140.26 ×50% =70.13 万元，选项 D 正确。

43

选项 E，本月已经抵扣9%，下个月生产领用可以加计抵扣1%，可抵扣增值税进项税额 = 500×20%×1% + 600×40%×1% = 3.4万元，选项 E 错误。

【答案】AD

【单选题】关于试点纳税人农产品核定扣除进项税额，下列说法错误的是（   ）。
A. 农产品指的是初级农业产品
B. 投入产出法是农产品增值税进项税额核定扣除方法之一
C. 购进农产品及应税服务不再凭增值税扣税凭证抵扣增值税进项税额
D. 进项税额核定扣除试点范围包括以农产品为原料生产销售液体乳及乳制品、酒及酒精、植物油

解析　选项 C，试点纳税人购进农产品不再凭增值税扣税凭证抵扣增值税进项税额，购进除农产品以外的货物、应税劳务和应税服务，增值税进项税额仍按现行有关规定抵扣。

【答案】C

【单选题】某牛乳品厂为增值税一般纳税人，2024年3月销售食用巴氏杀菌乳25万千克，税务机关公布的原乳单耗数量是1.055。该企业月初库存原乳10万千克，平均单价为4.1元。本月购进20万千克，平均单价为4.2元。上述价格均是含税价格。农产品进项税额采用投入产出法核定扣除。该乳品厂当月允许扣除农产品增值税进项税额（   ）元。
A. 126529.98   B. 99985.23   C. 100902.52   D. 90812.27

解析　期末平均买价 =（期初库存农产品数量×期初平均买价 + 当期购进农产品数量×当期买价）/（期初库存农产品数量 + 当期购进农产品数量）=（100000×4.1 + 200000×4.2）/（100000 + 200000）= 4.17元

当期耗用原乳 = 250000×1.055

当期耗用原乳的含税金额 = 250000×1.055×4.17

当期耗用原乳进项税额 = 250000×1.055×4.17/（1+9%）×9% = 90812.27元

【答案】D

【多选题】2023年7月，甲企业从农户手中购入高粱一批，支付高粱总价款为42万元。该企业纳入农产品增值税进项税额核定扣除试点范围，采取成本法扣除，税务机关核定农产品耗用率为0.85。委托乙白酒加工厂（一般纳税人）生产白酒为35吨，乙加工厂收取含税加工费4.52万元，代垫含税辅料为1.13万元。乙加工厂无同类白酒销售价。当月甲公司收回白酒后全部销售，开具增值税专用发票销售收入为100万元，结转主营业务成本为65万元，当期没有其他经济业务，下列说法正确的有（   ）。
A. 乙加工厂代收代缴消费税，组成计税价格中材料成本为36.96万元
B. 乙加工厂代收代缴消费税16.13万元
C. 乙加工厂已代收代缴消费税，甲企业收回后再销售无需缴纳消费税
D. 甲企业当期可抵扣购入高粱的进项税额4.2万元
E. 甲企业当期应缴纳增值税5.99万元

解析 选项 A，农产品核定扣除体系下，采购农产品以外购价税合计数计入原材料成本，销售终端产品时倒推进项税额。乙加工厂代收代缴消费税，组成计税价格中材料成本为 42 万元，选项 A 错误。

选项 B，加工费 = (4.52 + 1.13) / (1 + 13%) = 5 万元。

组成计税价格 = (42 + 5 + 35 × 2000 × 0.5/10000) / (1 - 20%) = 63.13 万元

乙加工厂代收代缴消费税 = 63.13 × 20% + 35 × 2000 × 0.5/10000 = 16.13 万元，选项 B 正确。

选项 C，乙加工厂代收代缴消费税的计税价格为 63.13 万元，甲企业收回后加价销售，需要缴纳消费税，选项 C 错误。甲企业需要缴纳消费税 = 100 × 20% - 63.13 × 20% = 7.37 万元。

选项 D，当期允许抵扣农产品增值税进项税额 = 当期主营业务成本 × 农产品耗用率/ (1 + 扣除率) × 扣除率 = 65 × 0.85/ (1 + 13%) × 13% = 6.36 万元，选项 D 错误。

选项 E，应纳增值税 = 100 × 13% - 6.36 - (4.52 + 1.13) / (1 + 13%) × 13% = 5.99 万元。

【答案】 BE

【单选题】 某企业为省认定的先进制造业企业，增值税一般纳税人，2024 年 5 月一般计税项目销项税额 200 万元，当期可抵扣进项税 150 万元，上期留抵税额 10 万元，则当期可计提的加计抵减额是（　　）万元。

A. 14　　　　　B. 7.5　　　　　C. 16　　　　　D. 22.5

解析 自 2023 年 1 月 1 日至 2027 年 12 月 31 日，先进制造业企业纳税人按照当期可抵扣进项税额加计 5% 抵减应纳增值税税额。

可计提的加计抵减额 = 150 × 5% = 7.5 万元

【答案】 B

【单选题】 某集成电路企业为增值税一般纳税人，符合进项税额加计抵减政策条件。2024 年 1 月销售集成电路产品，开具增值税专用发票注明税额 25 万元；购进服务取得增值税专用发票上注明税额 13 万元，其中 10% 的服务用于简易计税项目；购进芯片取得增值税专用发票上注明税额 10 万元，上期末加计抵减余额为 3 万元。假设当月取得增值税专用发票并当月申报抵扣。该企业当月加计抵减增值税约为（　　）万元。

A. 4.76　　　　B. 0　　　　　C. 1.46　　　　D. 3.3

解析 本期计提加计抵减额 = 13 × (1 - 10%) × 15% = 1.755 万元

本期可加计抵减额 = 3 + 1.755 = 4.755 万元

本期加计抵减前应纳增值税 = 25 - 13 × (1 - 10%) - 10 = 3.3 万元

当期加计抵减后应纳增值税 = 3.3 - 3.3 = 0 万元

当期加计抵减额 = 3.3 万元

当期加计抵减余额 = 4.755 - 3.3 = 1.455 万元 ≈ 1.46 万元

【答案】 D

【单选题】一般纳税人购进货物发生下列情况，其进项税额不得从销项税额中抵扣的是（　　）。

A. 用于分配给股东
B. 用于集体福利
C. 用于对外投资
D. 发生正常损失

【解析】选项AC，属于增值税视同销售货物，购进的货物准予抵扣进项税额。选项D，发生正常损失，准予抵扣进项税额，发生非正常损失，是不得抵扣进项税额的。

【答案】B

【多选题】关于先进制造业增值税加计抵减政策的说法，正确的有（　　）。

A. 当期可抵扣进项加计5%抵减应纳增值税税额
B. 按规定不得从销项税额中抵扣的进项税额不得计提加计抵减额
C. 同时符合多项增值税加计抵减政策的，不同政策不得叠加使用
D. 当期未抵扣完的可抵减加计抵减部分，不得结转下期抵减
E. 按规定做进项税额转出的，应在进项税额转出中调减加计抵减额

【解析】选项D，当期未抵扣完的可抵减加计抵减部分，可结转下期继续抵减。

【答案】ABCE

【多选题】下列项目中的增值税进项税额不得从销项税额中抵扣的有（　　）。

A. 非正常损失的不动产在建工程所耗用的购进货物、设计服务和建筑服务
B. 提供保险服务的纳税人以实物赔付方式承担机动车辆保险责任的，自行向车辆修理劳务提供方购进的车辆修理劳务
C. 用于简易计税方法计税项目的购进货物
D. 用于集体福利的购进货物
E. 用于免征增值税项目的购进货物

【解析】选项B，提供保险服务的纳税人以实物赔付方式承担机动车辆保险责任的，自行向车辆修理劳务提供方购进的车辆修理劳务，其进项税额可以按规定从保险公司销项税额中抵扣。

【答案】ACDE

【单选题】某供热企业为增值税一般纳税人，2024年4月取得供热不含税收入860万元，其中向居民个人收取120万元，当月外购原料取得增值税专用发票注明税额70万元。该企业2024年4月应纳增值税（　　）万元。

A. 15.13　　　　B. 6.37　　　　C. 7.04　　　　D. 0

【解析】自2018年5月1日至2027年供暖期结束，对供热企业向居民个人供热而取得的采暖费收入继续免征增值税。供热就是暖气，自2019年4月1日起，增值税税率为9%。

不得抵扣的进项税 = 70 × 120/860 = 9.77万元

应缴纳的增值税 =（860 - 120）× 9% -（70 - 9.77）= 6.37万元

【答案】B

拓展

按照规定，通过热力产品经营企业向居民供热的热力产品生产企业，应当根据热力产品经营企业实际从居民取得的采暖费收入占该经营企业采暖费总收入的比例，计算免征的增值税。

【单选题】2019年5月，某增值税一般纳税人购入不动产作为办公楼用于办公，取得增值税专用发票上注明金额2000万元，税额100万元，进项税额已按规定申报抵扣。2024年5月，该办公楼改用于职工宿舍，累计已计提折旧200万元。该办公楼应转出进项税额为（　　）万元。

　　A. 85.71　　　　　B. 10000　　　　　C. 198　　　　　D. 90

【解析】 已抵扣进项税额的不动产，发生非正常损失，或者改变用途，专用于简易计税方法计税项目、免征增值税项目、集体福利或者个人消费的，按照下列公式计算不得抵扣的进项税额，并从当期进项税额中扣减：

不得抵扣的进项税额 = 已抵扣进项税额 × 不动产净值率

不动产净值率 =（不动产净值/不动产原值）× 100%

不动产净值率 =（2000 − 200）/2000 × 100% = 90%

该办公楼应转出进项税额 = 90% × 100 = 90万元

【答案】 D

【单选题】某生产企业为增值税一般纳税人，2023年6月因违反法律规定部分货物被依法没收。该货物购进时已抵扣进项税额，账面成本为309万元（其中含一般纳税人提供的运输服务成本9万元，货物适用税率13%）。该批货物应转出进项税额（　　）万元。

　　A. 27.81　　　　　B. 35.26　　　　　C. 39.81　　　　　D. 40.17

【解析】 被依法没收属于"非正常损失"，非正常损失的购进货物，以及相关的劳务和交通运输服务进项税额不得抵扣，该批货物应转出的进项税额 =（309 − 9）× 13% + 9 × 9% = 39.81万元。

【答案】 C

【单选题】某生产企业为增值税一般纳税人，2024年3月应税货物不含税销售额180万元，货物适用税率为13%；免税货物销售额120万元，已知用于生产应税货物和免税货物的原材料进项税额无法划分，合计20万元（购进时已抵扣）。该企业当月应缴纳增值税（　　）万元。

　　A. 11.40　　　　　B. 15.40　　　　　C. 23.40　　　　　D. 31.40

【解析】 适用一般计税方法的纳税人，兼营简易计税方法计税项目、免征增值税项目而无法划分不得抵扣的进项税额，按照下列公式计算不得抵扣的进项税额：不得抵扣的进项税额 = 当期无法划分的全部进项税额 ×（当期简易计税方法计税项目销售额 + 免征增值税项目销售额）/ 当期全部销售额。不得抵扣的进项税额 = 20 × 120 /（180 + 120）= 8万元，因为购进时已经抵扣，所以当月应转出进项税额8万元。该企业当月应缴纳增值税 = 180 × 13% −（0 − 8）= 31.4万元

【答案】 D

拓展 进项税额总结

准予抵扣	凭票抵扣	增值税专用发票（税控机动车销售统一发票）；海关增值税专用缴款书；完税凭证；收费公路通行费电子普票；境内旅客运输电子普票
	购进农产品 凭票抵扣/计算抵扣	(1) 一般纳税人开具专票/海关专用缴款书：凭票抵扣。 (2) 农产品销售发票 + 收购发票 + 从小规模纳税人取得的专票（3%）：计算抵扣（进项 = 农产品买价×9%）。 (3) 用于深加工，按领用量加计抵扣
	购进农产品 核定扣除政策	(1) 继续生产： ① 投入产出法：耗用数量×购买单价×扣除率/（1 + 扣除率）。 ② 成本法：主营业务成本×农产品耗用率×扣除率/（1 + 扣除率）。 ③ 参照法。 (2) 直接销售： 销售数量/（1 − 损耗率）×平均购买单价×适用税率/（1 + 适用税率）
	道路通行费和国内旅客运输服务费	航空运输行程单：进项 =（票价 + 燃油附费）/（1 + 9%）×9%（2025.09.30 前），电子行程单注明税款（2024.12.1 起） 火车票：进项 = 票面金额/（1 + 9%）×9%（2024.11.1，可开具电子票） 公路水路客票：进项 = 票面金额/（1 + 3%）×3% 桥闸通行费发票：进项 = 发票金额/1.05×5%
加计抵减	加计比例	2023—2027 年先进制造业加计 5%、集成电路和工业母机企业加计 15%
	计算公式	当期计提加计抵减额 = 当期可抵扣进项税额×加计比例 当期可抵减加计抵减额 = 上期末加计抵减额余额 + 当期计提加计抵减额 − 当期调减加计抵减额
	注意事项	只能抵减一般计税税额，不得抵减简易计税税额；最多将一般计税税额抵成零，剩余结转下期抵减
不得抵扣		外购用于简易计税、免税、集体福利、个人消费； 非正常损失：管理不善或违反法律法规； 贷款服务、餐饮服务、居民日常服务、娱乐服务

高频考点 一般纳税人应纳税额计算 ★★★

【单选题】关于增值税留抵退税有关政策，下列说法正确的是（   ）。
A. 纳税人出口货物适用免抵退税办法的，应先申请退还留抵退税额
B. 纳税人自 2019 年 4 月 1 日起，已取得留抵退税额的，可以再申请增值税即征即退

C. 纳税人已享受增值税即征即退政策的，可以在2022年10月31日以前一次性将已退还的即征即退税款全部缴回后，按规定申请退还留抵税额

D. 纳税人出口货物适用免退税办法的，相关进项税额可以用于退还留抵税额

解析 选项A，纳税人出口货物劳务、发生跨境应税行为，适用免抵退税办法的，应先办理免抵退税。免抵退税办理完毕后，仍符合规定条件的，可以申请退还留抵税额。

选项B，纳税人按照规定取得增值税留抵退税款的，不得再申请享受增值税即征即退、先征后返（退）政策。

选项D，适用免退税办法的，相关进项税额不得用于退还留抵税额。

【答案】 C

【多选题】 自2022年4月1日起，制造业等行业企业申请退还增量留抵税额需满足的条件有（　　）。

A. 自2019年4月1日起未享受即征即退、先征后返（退）政策

B. 申请退税前36个月未发生骗取留抵退税、出口退税、虚开增值税专用发票情形

C. 申请退税前36个月未因偷税被税务机关处罚两次及以上

D. 第6个月增量留抵税额不低于100万元

E. 纳税信用等级为A级或B级

解析 选项D，不属于制造业等行业企业申请退还增量留抵税额需满足的条件。

【答案】 ABCE

拓展 增值税留抵退税政策

条件	（1）	① 普遍性留抵退税政策：自2019年4月税款所属期起，连续6个月（连续两季度）增量留抵税额均大于零，且第6个月增量留抵税额不低于50万元；② 小微+制造业+批发零售等特殊行业：无此条件要求
	（2）	纳税信用等级为A级或者B级
	（3）	申请退税前36个月未发生骗取留抵退税、出口退税或虚开增值税专用发票
	（4）	申请退税前36个月未因偷税被税务机关处罚两次及以上
	（5）	自2019年4月1日起未享受即征即退、先征后返（退）政策
计算	一般企业	退增量（增量留抵税额×进项构成比例×60%）
	特殊行业	退增量（增量留抵税额×进项构成比例×100%）
		退存量（存量留抵税额×进项构成比例×100%）

【多选题】 根据小微企业和制造业等行业企业现行留抵退税政策，下列凭证在计算进项构成比例时列入分子中的有（　　）。

A. 增值税专用发票　　　　　　　　B. 收费公路通行费增值税电子普通发票

C. 海关进口增值税专用缴款书　　　D. 解缴税款完税凭证

E. 农产品收购发票

🔍 **解析** 根据现行增值税政策规定，进项构成比例，为2019年4月至申请退税前一税款所属期已抵扣的增值税专用发票（含带有"增值税专用发票"字样全面数字化的电子发票、税控机动车销售统一发票）、收费公路通行费增值税电子普通发票、海关进口增值税专用缴款书、解缴税款完税凭证注明的增值税额占同期全部已抵扣进项税额的比重。

【答案】ABCD

【多选题】关于中国铁路总公司（现称中国国家铁路集团有限公司）汇总缴纳增值税，下列说法正确的有（　　）。

A. 所属运输企业提供铁路运输及辅助服务取得的全部收入应预缴税额，不得抵扣进项税额

B. 总公司及其所属运输企业用于铁路运输及辅助服务以外的进项税额不得汇总

C. 汇总的进项税额为总公司及其所属运输企业支付的全部增值税额

D. 汇总的销售额为总公司及其所属运输企业提供铁路运输及辅助服务的销售额

E. 总公司的增值税纳税期限为1个季度

🔍 **解析** 选项A，中国铁路总公司所属运输企业（现称中国国家铁路集团有限公司及其分支机构）提供铁路运输及辅助服务，按照除铁路建设基金以外的销售额和预征率计算应预缴税额，按月向主管税务机关申报纳税，不得抵扣进项税额。选项C，中国国家铁路集团有限公司汇总的进项税额，是指中国国家铁路集团有限公司及其分支机构为提供铁路运输及辅助服务而购进货物、劳务、服务、无形资产、不动产，支付或者负担的增值税额。

【答案】BDE

高频考点·特定企业（交易行为）的增值税政策 ★★★

【单选题】关于进口货物（非应税消费品）增值税计税依据的规定，下列说法正确的是（　　）。

A. 以到岸价格为计税依据

B. 以关税计税价格与关税税额之和为计税依据

C. 以海关审定的成交价格与关税税额之和为计税依据

D. 以海关审定的成交价格为计税依据

🔍 **解析** 增值税计税依据是关税计税价格与关税税额之和。

【答案】B

📘 **拓展** 进口环节计税方法

一般货物	纳税人：收货人、办手续、计税凭证注明 应纳税额 = 组价 × 税率 组价 = 关税计税价格 + 关税 + 消费税 组价 =（关税计税价格 + 关税）/（1 − 消费税税率）

续表

| 跨境电商零售进口 | 限值：单次5000元，全年26000元
限值内：关税0，增值税消费税减按70%征收
计税依据：实际交易价格＝零售价＋运费＋保险费 |

【单选题】关于跨境电子商务零售进口商品税收征管，下列说法错误的是（　　）。
A. 跨境电子商务零售进口商品自海关放行之日起30日内退货的可申请退税
B. 单次交易限值以内进口的商品按法定应纳税额的50%征收消费税或增值税
C. 进口商品的关税计税价格为实际交易价款，包括货物零售价格、运费和保险费
D. 跨境电子商务零售进口商品购买的个人为纳税人

【解析】在限值以内进口的跨境电子商务零售进口商品，关税税率暂设为零；进口环节增值税、消费税取消免征税额，暂按法定应纳税额的70%征收。

【答案】B

拓展　跨境电子商务零售进口商品征税政策

纳税义务人	购买跨境电子商务零售进口商品的个人	
代收代缴义务人	电子商务企业、电子商务交易平台企业或物流企业	
计税价格	实际交易价格（包括货物零售价格、运费和保险费）	
限值	单次交易限值	人民币5000元
	个人年度交易限值	人民币26000元（现行标准）
	限值以内进口	关税税率暂设为0
		进口环节增值税、消费税暂按法定应纳税额的70%征收
	限值以上进口	三税全征（按一般贸易）
跨境电子商务零售进口商品自海关放行之日起30日内退货的，可申请退税，并相应调整个人年度交易总额		
跨境电子商务零售进口商品购买人（订购人）的身份信息应进行认证；未进行认证的，购买人（订购人）的身份信息应与付款人一致		

【单选题】关于增值税出口退税，正确的是（　　）。
A. 纳税人提供零税率服务，适用简易计税的，可适用免抵退政策
B. 适用不同退税率的货物劳务，未分开报关、核算的，从低适用退税率
C. 生产企业进料加工复出口货物，增值税退税计税依据按出口货物离岸价确定
D. 出口企业既适用增值税免抵退，也适用即征即退，增值税即征即退可参与免抵退计算

【解析】选项A，适用简易计税方法的，实行免征增值税办法。选项C，生产企业进料加工复出口货物增值税退（免）税的计税依据，按出口货物的离岸价（FOB）扣除出口货物

所含的海关保税进口料件的金额后确定。选项 D，出口企业既适用增值税免抵退项目，也适用增值税即征即退、先征后退项目的，增值税即征即退和先征后退项目不参与出口项目免抵退税计算。

【答案】B

📖 拓展　出口政策

又免又退（免销项退进项）	生产企业（出口企业）——免、抵、退（出口自产的，自行研发的，自行提供的） 外贸企业（出口企业）——免、退（出口外购的）
只免不退（免销项不退进项）	非出口企业（一般商贸企业），无进项的企业（小规模、免税、无专票）
不免不退	国家禁止出口或限制出口的

【多选题】下列情形不适用增值税出口免税并退税政策的是（　　）。

A. 一般纳税人提供适用增值税零税率的应税服务
B. 增值税小规模纳税人出口的货物
C. 出口企业出口货物
D. 出口企业对外提供加工、修理修配劳务
E. 特殊区域内的企业出口的特殊区域内的货物

🔍 解析　选项 BE，属于增值税只免不退政策。

【答案】BE

📖 拓展　"特殊区域"（各类保税区）出口退税政策

出口退（免）税政策（又免又退）：①出口企业经海关报关进入国家批准的特殊区域并销售给特殊区域内单位或境外单位、个人的货物。②出口企业或其他单位销售给特殊区域内生产企业生产耗用且不向海关报关而输入特殊区域的水（蒸汽）、电力、燃气。

免税政策（只免不退）：特殊区域内的企业出口的特殊区域内的货物。

征税政策（不免不退要征税）：出口企业或其他单位销售给特殊区域内的生活消费用品和交通运输工具。

【单选题】2024 年 3 月，某生产企业出口自产货物销售额折合人民币 2000 万元，内销货物不含税销售额 800 万元。为生产货物购进材料取得增值税专用发票注明金额为 4600 万元、税额为 598 万元，已知该企业出口货物适用税率为 13%，出口退税率为 11%，当月取得的增值税专用发票已勾选抵扣进项税额，期初无留抵税额。该公司当月出口货物应退增值税（　　）万元。

A. 338　　　　　　B. 454　　　　　　C. 598　　　　　　D. 220

🔍 解析　①剔税：当月不得免征和抵扣税额 = 2000 × (13% − 11%) = 40 万元
②留抵税额：当期应纳税额 = 800 × 13% − (598 − 40) = −454 万元
③退税限额：当期免抵退税额 = 2000 × 11% = 220 万元

④比较：③退税限额220万元＜②留抵税额-454万元，则当期应退增值税=220万元
【答案】D

【单选题】甲外贸公司是增值税一般纳税人，2024年3月从生产企业购进纺织品，取得增值税专用发票上注明价款5万元，增值税税额0.65万元。当月将纺织品出口取得销售收入8万元人民币。已知纺织品的增值税退税率为13%，甲外贸公司出口纺织品应退的增值税为（　　）万元。

A. 0.80　　　　　　B. 0.65　　　　　　C. 1.04　　　　　　D. 1.72

解析　外贸企业出口货物（委托加工修理修配货物除外）增值税退（免）税的计税依据，为购进出口货物的增值税专用发票注明的金额或海关进口增值税专用缴款书注明的计税价格。

甲外贸公司出口纺织品应退的增值税=5×13%=0.65万元

【答案】B

【单选题】某境外旅客2023年10月5日在内地某退税商店购买了一件瓷器，价税合计金额为2260元，取得退税商店开具的增值税普通发票及退税申请单，发票注明税率13%。2023年10月10日该旅客离境，应退增值税（　　）元。

A. 220.00　　　　　B. 223.96　　　　　C. 248.60　　　　　D. 260.00

解析　适用13%税率的境外旅客购物离境退税物品，退税物品的退税率为11%。应退增值税额的计算公式：应退增值税额=退税物品销售发票金额（含增值税）×退税率；应退增值税额=2260×11%=248.60元。

【答案】C

拓展　旅游购物离境退税

条件	（1）同一人同一日同一店购买的退税物品金额达到500元； （2）未启用； （3）离境日距购买日不超过90天； （4）随身携带
退税率	13%税率物品退税率11%；9%税率物品退税率8%
退税额	应退增值税额=退税物品销售发票金额（含增值税）×退税率

【多选题】2023年11月，某消费者当年首次通过跨境电子商务交易平台购买一套零售进口高档化妆品，该套化妆品关税计税价格5700元，关税2850元，下列税务处理正确的有（　　）。

A. 进口环节增值税按法定应纳税额的70%缴纳

B. 关税按法定应纳税额70%缴纳

C. 该电子商务交易平台可为代收代缴义务人

D. 进口环节增值税计税依据为5700元
E. 该消费者为纳税义务人

解析 选项AB，计税价格超过5000元单次交易限值但低于26000元年度交易限值，且订单下仅一件商品时，可以自跨境电商零售渠道进口，按照货物税率全额征收关税和进口环节增值税、消费税。

选项D，增值税计税依据=组成计税价格=（关税计税价格+关税）/（1-消费税比例税率）=（5700+2850）/（1-15%）=10058.82元。

【答案】 CE

【单选题】 根据一般纳税人转让取得不动产的增值税管理办法规定，下列说法中正确的是（　　）。

A. 取得的不动产，包括抵债取得的不动产
B. 转让2015年取得的不动产，以取得的全部价款和价外费用扣除不动产购置原价后的余额为计税销售额
C. 转让2018年自建的不动产，可以选择适用简易计税方法
D. 取得不动产转让收入，应向不动产所在地主管税务机关申报纳税

解析 选项B，转让2015年取得的不动产，可以选择适用简易计税方法计税，以取得的全部价款和价外费用扣除不动产购置原价或者取得不动产时的作价后的余额为销售额，按照5%的征收率计算应纳税额。选择适用一般计税方法计税的，以取得的全部价款和价外费用为销售额计算应纳税额。选项C，一般纳税人转让其2016年5月1日后自建的不动产，适用一般计税方法，以取得的全部价款和价外费用为销售额计算应纳税额，不得选择适用简易计税方法。选项D，应向机构所在地主管税务机关申报纳税。

【答案】 A

【单选题】 甲省A市某生产企业为增值税一般纳税人，2024年3月将2017年购置的不动产出售，取得含税收入3500万元，该不动产位于乙省B市，购置原价为1600万元。该企业转让不动产应在乙省B市预缴增值税为（　　）万元。

A. 34.86　　　　B. 90.48　　　　C. 52.29　　　　D. 166.67

解析 预缴增值税=（3500-1600）/（1+5%）×5%=90.48万元。

【答案】 B

【单选题】 某生产企业为增值税一般纳税人，2024年3月，法院将其2017年5月购进净值为700万元的商铺强制执行抵偿债务760万元，该商铺购进时取得增值税专用发票税款合计金额981万元，该笔业务应缴纳的增值税额是（　　）万元。

A. 68.40　　　　B. 57.80　　　　C. 81.00　　　　D. 62.75

解析 应缴纳的增值税=760/（1+9%）×9%=62.75万元。

【答案】 D

【单选题】某房地产开发有限公司（一般纳税人）2023年8月出售自行开发商品房一批，该房产为营改增后项目。取得含税价款为11300万元，从政府取得土地并支付的土地价款为4000万元，并按规定缴纳了3%的契税，该公司在确认土地增值税时应确认收入（　　）万元。
  A. 11300 B. 10366.97 C. 10697.25 D. 6636.36

🔍 **解析** 房地产开发企业销售自行开发的房地产新项目，以取得的全部价款和价外费用，扣除受让土地时向政府部门支付的土地价款后的余额为销售额。销项税额＝（收入－土地价款）/（1＋9%）×9%＝（11300－4000）/（1＋9%）×9%＝602.75万元，因此，不含税金额＝11300－602.75＝10697.25万元。

【答案】 C

【多选题】关于不动产租赁服务的增值税处理，正确的有（　　）。
A. 个体工商户异地出租不动产，在不动产所在地预缴增值税款，可在当期增值税税款中抵减
B. 以经营租赁方式将土地出租给他人使用，按不动产经营租赁缴纳增值税
C. 一般纳税人出租其2016年5月1日前取得的不动产可选择简易计税
D. 其他个人异地出租不动产，向不动产所在地预缴税款，向居住所在地申报纳税
E. 纳税人向其他个人出租不动产，可以开具增值税专用发票

🔍 **解析** 选项D，其他个人异地出租不动产，无需预缴增值税。选项E，纳税人向其他个人出租不动产，不得开具增值税专用发票。

【答案】 ABC

【单选题】甲个体工商户（小规模纳税人）出租住房，2024年3月一次性收取全年租金120万（含税），甲当月应缴纳增值税（　　）万元。（不考虑免征增值税的优惠）
  A. 9.91 B. 0 C. 5.17 D. 1.71

🔍 **解析** 个体工商户出租住房，按5%征收率减按1.5%计算应纳税额。纳税人提供租赁服务采取预收款方式的，其纳税义务发生时间为收到预收款的当天。

应缴纳增值税＝120/（1＋5%）×1.5%＝1.71万元

【答案】 D

【单选题】2023年7月，王某出租一处住房，预收半年含税租金48000元，王某收取租金后应缴纳增值税（　　）元。（不考虑免征增值税的优惠）
  A. 720 B. 0 C. 685.71 D. 2285.71

🔍 **解析** 纳税人提供租赁服务采取预收款方式的，其纳税义务发生时间为收到预收款的当天。其他个人出租住房，按照5%的征收率减按1.5%计算应纳税额。

应纳增值税＝48000/（1＋5%）×1.5%＝685.71元

【答案】 C

【计算题】某房地产开发公司（增值税一般纳税人）2024年5月发生如下业务：

（1）销售2016年3月开工建设的住宅项目，取得含税收入166000万元，从政府部门取得土地时支付土地价款78000万元。该项目选择简易计税方法计税。

要求：根据上述资料，回答下列问题。

1. 业务（1）应纳增值税（　　）万元。

A. 2563.11　　　　B. 4834.95　　　　C. 7904.76　　　　D. 4190.48

解析 业务（1）应纳增值税=166000/（1+5%）×5%=7904.76万元。

【答案】C

（2）支付甲建筑公司工程价款，取得增值税专用发票，注明金额12000万元，税额1080万元。

2. 业务（2）准予从销项税额中抵扣的进项税额为（　　）万元。

A. 0　　　　B. 648　　　　C. 1080　　　　D. 528

解析 业务（2）准予抵扣的进项税额为1080万元。

【答案】C

（3）出租一栋写字楼，合同约定租期为3年，每年不含税租金4800万元，每半年支付一次租金，本月收到2024年5月至10月租金，开具增值税专用发票注明金额2400万元；另收办公家具押金130万元，开具收据。该业务适用一般计税方法。

3. 业务（3）增值税销项税额为（　　）万元。

A. 114.29　　　　B. 216.00　　　　C. 281.60　　　　D. 121.90

解析 业务（3）增值税的销项税额=2400×9%=216万元

【答案】B

（4）购进小轿车一辆，支付不含税价款20万元、增值税2.6万元，取得机动车销售统一发票。

（5）支付高速公路通行费，取得高速公路通行费电子普通发票上注明的税额为0.03万元。

已知：本月取得的相关凭证均符合税法规定，并在本月申报抵扣进项税额。

4. 该公司当月应纳增值税（　　）万元。

A. 7494.13　　　　B. 7470.13　　　　C. 8086.13　　　　D. 7904.76

解析 简易计税方法应缴纳的增值税为7904.76万元。

一般计税方法进项税额=1080+2.6+0.03=1082.63万元

销项税额=216万元

当期应纳税额=216-1082.63=-866.63万元

即留抵税额=866.63万元

一般计税方法下，进项税额大于销项税额，应纳税额为0，期末留抵税额866.63万元。

因此，本期应纳增值税税额=7904.76万元。
【答案】D

【单选题】某建筑企业为增值税一般纳税人，2023年12月取得跨县市建筑工程劳务款1500万元（含税），支付分包工程款600万元（含税），分包款取得合法有效凭证。该建筑服务项目选用一般计税方法。该企业当月应在劳务发生地预缴增值税是（　　）万元。
A. 17.48　　　　　B. 18.00　　　　　C. 26.21　　　　　D. 16.51

解析　一般纳税人跨县（市、区）提供建筑服务，适用一般计税方法计税的，以取得的全部价款和价外费用扣除支付的分包款后的余额，按照2%的预征率计算应预缴税款。

应预缴税款=（全部价款和价外费用－支付的分包款）/（1+适用税率）×2%

预缴增值税=（1500－600）/（1+9%）×2%=16.51万元
【答案】D

【单选题】某建筑工程公司为甲市增值税一般纳税人，2023年6月到乙市提供建筑劳务（建筑用主要材料由建设单位提供），取得含税价款5768万元，该建筑工程公司将承包工程中的电梯安装业务分包给某电梯安装企业，支付含税分包款618万元，取得增值税普通发票。建筑工程公司购进建筑用辅助材料的进项税额为20万元，该工程公司上述业务税务处理正确的是（　　）。
　A. 可以选择简易方法计算增值税，在乙市预缴增值税150万元
　B. 应按一般计税方法计算增值税，在乙市预缴增值税280万元
　C. 应按一般计税方法计算增值税，在甲市预缴增值税280万元
　D. 可以选择简易方法计算增值税，在甲市预缴增值税150万元

解析　一般纳税人为甲供工程提供的建筑服务，可以选择简易计税。一般纳税人跨县（市、区）提供建筑服务，选择适用简易计税方法计税的，以取得的全部价款和价外费用扣除支付的分包款后的余额，按照3%的征收率计算应预缴税额。

在乙市预缴税款=（5768－618）/（1+3%）×3%=150万元
【答案】A

【多选题】某房地产开发企业为增值税一般纳税人，2023年11月采取预收款方式销售自行开发的A项目（合同开工日期为2021年1月），采取直接收款方式销售自行开发的B项目（合同开工日期为2015年1月），下列增值税处理正确的有（　　）。
　A. 销售A项目，简易计税方法下的计税销售额为不扣除对应土地价款的全部价款和价外费用
　B. 销售B项目，仅适用简易计税方法
　C. 销售A项目，仅适用一般计税方法
　D. 收到的A项目预收款应适用5%的预征率预缴
　E. 销售A项目应在取得预收款的次月纳税申报期预缴

解析 选项B，合同开工日期在2016年4月30日前的建筑工程项目为老项目，房地产开发企业一般纳税人销售自行开发的老项目可以选择适用简易计税方法。选项AC，A项目不属于老项目，按照一般计税方法计税。选项DE，一般纳税人采取预收款方式销售自行开发的房地产项目，应在收到预收款时按照3%预征率预缴增值税，在取得预收款的次月纳税申报期预缴税款。

【答案】 CE

【综合分析题】 某建筑企业为增值税一般纳税人，位于A市市区，2024年5月发生如下业务：

（1）在机构所在地提供建筑服务，开具增值税专用发票注明金额400万元，税额36万元。另在B市提供建筑服务，取得含税收入218万元，其中支付分包商工程价款取得增值税专用发票注明金额50万元，税额4.5万元。上述建筑服务均适用一般计税方法。

（2）购买一批建筑材料，用于一般计税方法项目，取得增值税专用发票注明金额280万元，税额36.4万元。

（3）在机构所在地提供建筑服务，该项目为老项目，企业选择适用简易计税方法，开具增值税专用发票注明金额200万元。

（4）购买一台专业设备，取得增值税专用发票注明金额3万元，税额0.39万元。该设备用于建筑工程老项目，该老项目选择适用简易计税方法。

（5）购买一台办公用固定资产，取得增值税专用发票注明金额10万元，税额1.3万元。无法划分清是用于一般计税项目还是简易计税项目。

（6）购买办公用品，取得增值税专用发票注明金额5万元，税额0.65万元。无法划清是用于一般计税项目还是简易计税项目。

假定本月取得相关票据符合税法规定，并在本月按照规定认证抵扣进项税额。
根据上述资料，回答下列问题：

1. 该企业在B市提供建筑服务应预缴增值税（　　）万元。
A. 4.50 B. 3 C. 6.66 D. 3.12

解析 一般纳税人跨市提供建筑服务，适用一般计税方法计税的，以取得的全部价款和价外费用扣除支付的分包款后的余额，按照2%的预征率计算应预缴税款。2019年4月1日后，应预缴税款=（全部价款和价外费用－支付的分包款）/（1+9%）×2%。该企业在B市提供建筑服务应预缴增值税=（218－54.5）/（1+9%）×2%=3万元

【答案】 B

2. 关于业务（4）的增值税处理，下列说法正确的有（　　）。
A. 若该设备将来专用于一般计税方法项目，按原值计算抵扣进项税额
B. 该设备进项税额由纳税人自行决定是否抵扣
C. 购买时抵扣进项税额0.39万元
D. 若该设备将来专用于一般计税方法项目，按净值计算抵扣进项税额
E. 购买时不得抵扣进项税额

解析 购买专业设备用于适用简易计税项目的建筑工程老项目，购买时不得抵扣进项税

额。不得抵扣且未抵扣进项税额的固定资产，发生用途改变，用于允许抵扣进项税额的应税项目，按净值计算抵扣进项税额。

【答案】DE

3. 业务（5）中可以从销项税额中抵扣进项税额（　　）万元。
   A. 1.31　　　　　　B. 1.28　　　　　　C. 1.30　　　　　　D. 0

   解析　用于简易计税方法计税项目、免征增值税项目、集体福利或者个人消费的购进货物、加工修理修配劳务、服务、无形资产和不动产。其中涉及的固定资产、无形资产、不动产，仅指专用于上述项目的固定资产、无形资产（不包括其他权益性无形资产）、不动产。但是发生兼用于上述不允许抵扣项目情况的，该进项税额准予全部抵扣。业务（5）中可以从销项税额中抵扣进项税额 = 1.3 万元。

   【答案】C

4. 业务（6）中可以从销项税额中抵扣进项税额（　　）万元。
   A. 0.65　　　　　　B. 0.49　　　　　　C. 0.85　　　　　　D. 0

   解析　业务（6）中可以从销项税额中抵扣进项税额 = 0.65 - 0.65 × 200 / [400 + 218 / (1 + 9%) + 200] = 0.49 万元。

   【答案】B

5. 该企业当月在 A 市申报缴纳增值税（　　）万元。
   A. 15.26　　　　　　B. 14.31　　　　　　C. 16.56　　　　　　D. 13

   解析　纳税人跨市提供建筑服务，在建筑服务发生地预缴税款后，向机构所在地主管税务机关进行纳税申报，计算当期应纳税款，扣除已预缴的税款后的余额在机构所在地缴纳。

   业务（1）销项税额 = 36 + 218 / (1 + 9%) × 9% = 54 万元
   可抵扣进项税 = 4.5 万元
   业务（2）可抵扣进项税 = 36.4 万元
   业务（3）简易计税：应缴纳增值税 = 200 × 3% = 6 万元
   业务（4）可抵扣进项税 = 0
   业务（5）可抵扣进项税 = 1.30 万元
   业务（6）可抵扣进项税 = 0.49 万元
   一般计税：应纳税额 = 54 - 4.5 - 36.4 - 1.3 - 0.49 - 3 = 8.31 万元
   该企业当月在 A 市申报缴纳增值税 = 8.31 + 6 = 14.31 万元

   【答案】B

6. 该企业当月在 A 市申报缴纳城市维护建设税（　　）万元。
   A. 1.00　　　　　　B. 0.91　　　　　　C. 1.07　　　　　　D. 1.16

   解析　该企业当月在 A 市申报缴纳城市维护建设税 = 14.31 × 7% = 1.00 万元

   【答案】A

拓展　需要预缴增值税的四种情形（涉及不动产：修、卖、租。特点：金额大、可跨地区）

业务范围	需要预缴的情形
提供建筑服务（修）	纳税人跨县（市、区）提供建筑服务或提供建筑服务收到预收款时
房地产开发企业销售开发产品（卖）	纳税人收到预收款时
销售不动产（卖）	纳税人转让其取得的不动产，向不动产所在地主管税务局预缴税款
不动产经营租赁（租）	不动产所在地与机构所在地不在同一县（市、区）的，纳税人向不动产所在地主管税务局预缴

预缴税额的总结

（1）一般企业（方法：按计税方法价税分离，再乘以预征率）

计税方法	预征率		
	修（建筑服务，可扣分包）	租（租赁服务）	卖（转让，不区分计税方法，只区分自建、非自建）
一般计税方式	2% （全部价款+价外费用-支付的分包款）/（1+9%）×2%	3% 全部价款和价外费用/（1+9%）×3%	5% 自建：预缴税款=全部价款和价外费用/（1+5%）×5% 非自建：（全部价款和价外费用-不动产购置原价或者取得不动产时的作价）/（1+5%）×5%
简易计税模式	3% （全部价款+价外费用-支付的分包款）/（1+3%）×3%	5% 全部价款和价外费用/（1+5%）×5%	

（2）房地产开发企业销售自行开发的房地产项目预缴增值税

预征率：均为3%	一般计税方法	预收款/（1+9%）×3%
	简易计税方法	预收款/（1+5%）×3%

【多选题】 关于资管产品增值税征收管理，下列说法正确的有（　　）。

A. 管理人可选择分别或汇总核算资管产品运营业务销售额和增值税应纳税额
B. 管理人应按照规定的纳税期限分别申报缴纳资管产品运营业务和其他业务增值税
C. 管理人应分别核算资管产品运营业务和其他业务的销售额和增值税应纳税额
D. 资管产品管理人提供的资产管理服务一律适用一般计税方法
E. 资管产品管理人运营资管产品过程中发生的增值税应税行为，暂适用简易计税方法，按照3%的征收率缴纳增值税

解析 选项B，管理人应按照规定的纳税期限，汇总申报缴纳资管产品运营业务和其他业务增值税。选项D，资管产品管理人运营资管产品过程中发生的增值税应税行为，暂适用

简易计税方法，按照3%的征收率缴纳增值税。

【答案】ACE

【多选题】关于成品油零售加油站增值税政策，下列说法正确的有（　　）。
A. 成品油零售加油站根据小规模纳税人标准来决定是否认定为增值税一般纳税人
B. 采取统一配送成品油方式设立的非独立核算的加油站，在同一县市的，由总机构汇总缴纳增值税
C. 对统一核算，且经税务机关批准汇总缴纳增值税的成品油销售单位跨县市调配成品油的，按规定征收增值税
D. 加油站应税销售额为当月成品油应税销售额
E. 经主管税务机关确定的加油站自有车辆自用油允许在当月成品油销售数量中扣除

解析　选项A，凡经批准从事成品油零售业务，并已办理市场主体登记、税务登记，有固定经营场所，使用加油机自动计量销售成品油的单位和个体经营者（以下简称加油站），一律按增值税一般纳税人征税。选项C，对统一核算，且经税务机关批准汇总缴纳增值税的成品油销售单位跨县市调配成品油的，不征收增值税。选项D，加油站应税销售额包括当月成品油应税销售额和其他应税货物及劳务的销售额。

【答案】BE

高频考点 · 征收管理★★★

【多选题】关于增值税纳税期限，下列说法正确的有（　　）。
A. 增值税的纳税期限分别为1日、3日、5日、10日、15日、1个月或者1个季度
B. 纳税人的具体纳税期限，由主管税务机关根据纳税人应纳税额的大小分别核定
C. 按固定期限纳税的小规模纳税人可以选择以1个月或1个季度为纳税期限
D. 纳税人以1个月或者1个季度为1个纳税期的，自期满之日起15日内申报纳税
E. 以1个季度为纳税期限的规定仅适用于小规模纳税人

解析　选项E，以1个季度为纳税期限的规定适用于小规模纳税人、银行、财务公司、信托投资公司、信用社，以及财政部和国家税务总局规定的其他纳税人。

【答案】ABCD

【单选题】关于增值税纳税地点，下列说法不正确的是（　　）。
A. 固定业户，应当向其机构所在地主管税务机关申报纳税
B. 扣缴义务人，应当向其机构所在地或者居住地的主管税务机关申报缴纳其扣缴的税款
C. 进口货物，应当由进口人或其代理人向报关地海关申报纳税
D. 非固定业户销售货物或劳务，应当向居住地主管税务机关申报纳税

解析　选项D，非固定业户销售货物或者劳务，应当向销售地或者劳务发生地的主管税务机关申报纳税。未向销售地或者劳务发生地的主管税务机关申报纳税的，由其机构所在地

或者居住地的主管税务机关补征税款。

【答案】D

【多选题】下列关于增值税纳税义务发生时间的说法，正确的有（　　）。
A. 采取直接收款方式销售货物，为收到销售款或取得索取销售款凭据的当天
B. 采取赊销方式销售货物，无书面合同的，为货物发出的当天
C. 采取预收款方式提供租赁服务，为收到预收款的当天
D. 采取分期收款方式销售货物，书面合同没有约定收款日期的，为货物发出的当天
E. 采取托收承付方式销售货物，为办妥托收手续的当天

【解析】 选项E，采取托收承付和委托银行收款方式销售货物，为发出货物并办妥托收手续的当天。

【答案】ABCD

【大题演练】

【计算题】甲咨询服务公司为增值税一般纳税人，2023年11月发生下列业务：
（1）提供境内咨询服务，取得含税收入1272万元。向境外客户提供完全在境外消费的业务流程管理服务，取得收入50万元。
（2）甲公司将2015年购置的办公用房对外出租，租赁期自2023年10月1日起算，每月租金21万元（含税），首月免租金，11月租金已收取，甲公司选择按简易计税方法申报增值税。
（3）外购一批货物，取得增值税专用发票注明金额30万元，税额3.9万元。将其直接捐赠给目标脱贫地区某县儿童福利院。（该县2020年3月完成整体脱贫目标）
（4）自境外某公司购入一项"连锁经营权"，支付含税使用费63.6万元，取得代扣代缴增值税完税凭证。"连锁经营权"10%的部分用于本企业免税项目使用。
（5）当月其他购进取得增值税专用发票注明税额为16.03万元，其中准予抵扣的金额为15.67万元。
假设本月购进项目负担的进项税都在本月抵扣。

根据上述材料，回答下列问题：
1. 甲公司2023年10~11月出租办公用房应纳增值税为（　　）万元。
A. 1.22　　　　B. 0.61　　　　C. 1.00　　　　D. 2.00

【解析】 应纳增值税=21/（1+5%）×5%=1万元
提示：纳税人出租不动产，租赁合同中约定免租期的，不属于视同销售服务，不征收增值税。

【答案】C

2. 业务（4）可抵扣的进项税额为（　　）万元。
A. 3.60　　　　B. 3.24　　　　C. 1.85　　　　D. 1.67

解析 进项税额 =63.6/（1+6%）×6% =3.60 万元

"连锁经营权"属于其他权益性无形资产，其他权益性无形资产无论用于一般计税项目还是免税项目，进项税额均可全额抵扣。

【答案】 A

3. 当月准予从销项税额中抵扣的进项税额为（ ）万元。
   A. 19.27　　　　　　B. 21.42　　　　　　C. 22.81　　　　　　D. 23.53

解析 业务（3）直接捐赠给目标脱贫地区免增值税，进项税额不得抵扣。

准予从销项税额中抵扣的进项税额 =3.60 +15.67 =19.27 万元

【答案】 A

4. 甲企业当月应纳增值税（ ）万元。
   A. 51.19　　　　　　B. 51.6　　　　　　　C. 50.41　　　　　　D. 53.73

解析 业务（1）销项税额 =1272/（1+6%）×6% =72 万元。

业务（2）简易计税，应纳增值税 =21/（1+5%）×5% =1 万元。

业务（3）直接捐赠给目标脱贫地区免增值税，进项税额不得抵扣。

准予从销项税额中抵扣的进项税额 =3.60 +15.67 =19.27 万元

当期应纳税增值税 =（72 -19.27）+1 =53.73 万元

【答案】 D

【计算题】 某食品加工企业为增值税一般纳税人，2024 年 11 月发生以下业务：

（1）将成本为 600 万元的产品对外销售 80%，取得含税价款 1000 万元，另外 20% 的产品作为股利发放给股东。

（2）购入生产原料一批，取得增值税专用发票，发票上注明税额 51 万元。

（3）购进一辆小汽车作为销售部门公用车，取得机动车销售统一发票，发票上注明税额 3.4 万元。

（4）在某市购入 3 间房屋作为当地办事处工作用房，取得一般纳税人开具的增值税专用发票注明金额为 450 万元，该房屋采用一般计税方法。

（5）支付某一般纳税人广告公司广告设计费，取得该广告公司开具的增值税专用发票，发票上注明金额为 5 万元。

（6）上月购进的免税农产品（未纳入核定扣除试点范围，购进时计划用于加工食品对外销售，尚未被领用）因保管不善发生损失，已知产品的账面成本为 1.15 万元（含运费成本 0.15 万元，从一般纳税人企业取得增值税专用发票），该批产品上月已申报抵扣进项税额。

根据上述材料，回答下列问题：

（1）该企业当月销项税额（ ）万元。
   A. 170.00　　　　　　B. 145.30　　　　　　C. 143.81　　　　　　D. 212.50

解析 当月销项税额 = 1000/1.13×13% + 1000/80%×20%/1.13×13% = 143.81 万元

【答案】C

(2) 该企业业务（4）可抵扣的进项税额（　　）万元。
A. 40.50　　　B. 49.50　　　C. 24.30　　　D. 19.80

解析 业务（4）可以抵扣的进项税额 = 450×9% = 40.5 万元

【答案】A

(3) 该企业当月进项税额转出（　　）万元。
A. 0.17　　　B. 0.12　　　C. 0.11　　　D. 0.14

解析 当月进项税额转出 =（1.15 - 0.15）/（1 - 9%）×9% + 0.15×9% = 0.11 万元

【答案】C

(4) 该企业当月应缴纳增值税（　　）万元。
A. 48.73　　　B. 48.72　　　C. 64.92　　　D. 73.02

解析 当月应纳增值税 = 143.81 -（51 + 3.4 + 450×9% + 5×6% - 0.11）= 48.72 万元

【答案】B

【计算题】某旅游公司为增值税一般纳税人，2024 年 10 月发生以下业务：

(1) 取得旅游费收入共计 680 万元，其中向境外旅游公司支付境外旅游费 63.6 万元，向境内其他单位支付旅游交通费 60 万元，住宿费 24 万元，门票费 21 万元，签证费 1.8 万元。支付本单位导游餐饮住宿费共计 2.2 万元，旅游公司选择按照扣除支付给其他单位相关费用后的余额为计税销售额，并开具普通发票（以上金额均含税）。

(2) 将 2019 年 5 月在公司注册地购入的一套门市房对外出租，购入时进项税额已抵扣，本月一次性收取 3 个月含税租金 12 万元。

(3) 委托装修公司对自用房屋进行装修，取得该装修公司（一般纳税人）开具的增值税专用发票，注明不含税装修费 50 万元。支付物业费，取得物业公司（一般纳税人）开具的增值税专用发票注明金额 3 万元。

(4) 将公司一台 8 年前从一般纳税人处购进的旅游车转为职工通勤班车，该车购进时已抵扣进项税额，入账原值 60 万元，已提折旧 40 万元，该车评估价格 14 万元。

根据上述材料，回答下列问题：

1. 下列关于境外旅游公司提供旅游服务的增值税的说法中，正确的是（　　）。
   A. 该境外旅游公司应在中国自行申报缴纳增值税 1.85 万元
   B. 该境外旅游公司应在中国自行申报缴纳增值税 3.6 万元
   C. 境内旅游公司应代扣代缴境外旅游公司增值税 3.6 万元
   D. 该境外旅游公司在中国不缴纳增值税

解析　境外单位或者个人向境内单位或者个人销售完全在境外发生的服务，不属于增值税的征税范围，不缴纳增值税。

【答案】D

2. 该公司业务（4）应转出进项税额（　　）万元。
A. 6.80　　　　　　B. 3.40　　　　　　C. 10.20　　　　　　D. 2.38

解析　题目设定2024年10月的8年前购进旅游车是2016年，按17%抵扣进项税，现进项税额转出也要按17%计算。

业务（4）进项税转出额＝60×17%×（20/60）＝3.4万元

【答案】B

3. 该公司当月实际抵扣的增值税进项税额（　　）万元。
A. 3.30　　　　　　B. 0　　　　　　C. 1.78　　　　　　D. 1.28

解析　实际抵扣的增值税进项税额＝50×9%＋3×6%－3.4＝1.28万元

【答案】D

4. 该公司当月应缴纳增值税（　　）万元。
A. 28.37　　　　　　B. 28.56　　　　　　C. 28.85　　　　　　D. 28.09

解析　试点纳税人提供旅游服务，可以选择以取得的全部价款和价外费用，扣除向旅游服务购买方收取并支付给其他单位或者个人的住宿费、餐饮费、交通费、签证费、门票费和支付给其他接团旅游企业的旅游费用后的余额为销售额。

业务（1）销项税额＝（680－63.6－60－24－21－1.8）/（1＋6%）×6%＝28.85万元

应纳税额＝28.85＋12/（1＋9%）×9%－1.28＝28.56万元

【答案】B

【计算题】某金融机构为增值税一般纳税人，以1个季度为纳税期限，2024年第一季度发生下列业务：

（1）提供贷款服务取得不含税贷款利息收入1200万元，提供货币兑换服务取得不含税收入25万元。发生人员工资支出65万元。

（2）转让金融商品，卖出价10557.60万元，另发生手续费支出，取得增值税专用发票，注明金额9万元，税额0.54万元。该批金融商品买入价4536.80万元。上述卖出价与买入价均为含税价格。

（3）以自有资金对外投资，按合同约定每季度收取固定利润3000万元（含增值税）。由于被投资方资金紧张，本季度未收到应收的固定利润。

（4）购进办公设备取得增值税专用发票，注明税额68万元，为改善服务条件，2024年2月购买写字楼，取得增值税专用发票，注明税额1530万元。

假设本期取得的相关票据均符合税法规定。

根据上述资料，回答下列问题：

1. 业务（1）的销项税额是（　　）万元。
A. 34.50　　　　　B. 72.00　　　　　C. 34.20　　　　　D. 73.50

解析　提供货币兑换服务，属于直接收费金融服务。贷款服务和直接收费金融服务，税率均为6%。

业务（1）的销项税额 =（1200 + 25）× 6% = 73.5 万元

【答案】 D

2. 业务（2）的销项税额是（　　）万元。
A. 340.80　　　　B. 597.06　　　　C. 340.26　　　　D. 597.60

解析　金融商品转让，按照卖出价扣除买入价后的余额为销售额。发生的手续费支出，不能从销售额中扣除。

业务（2）的销项税额 =（10557.60 – 4536.80）/（1 + 6%）× 6% = 340.80 万元

【答案】 A

3. 业务（3）的销项税额是（　　）万元。
A. 169.81　　　　B. 180.00　　　　C. 0　　　　　　D. 300.00

解析　以货币资金投资收取的固定利润或者保底利润，按照贷款服务缴纳增值税。

业务（3）的销项税额 = 3000/（1 + 6%）× 6% = 169.81 万元

【答案】 A

4. 2024年第二季度该金融机构增值税进项税额留抵（　　）万元。
A. 758.17　　　　B. 402.43　　　　C. 1014.43　　　　D. 1184.20

解析　发生手续费支出，取得增值税专用发票，可以抵扣进项税。

业务（2）的进项税额 = 0.54 万元

购进办公设备取得增值税专用发票，可以抵扣进项税；购买写字楼取得增值税专用发票，可以一次性抵扣进项税。

业务（4）的进项税额 = 68 + 1530 = 1598 万元

当期的销项税额 = 73.5 + 340.8 + 169.81 = 584.11 万元

2024年第一季度该金融机构增值税进项税额留抵 = 584.11 –（0.54 + 1598）= – 1014.43 万元

增值税为负数，可以作为留抵税额在下期抵扣。

【答案】 C

【计算题】 甲技术开发咨询公司（以下简称"甲公司"）为增值税一般纳税人，2023年8月发生下列业务：

（1）为乙企业（小规模纳税人）提供产品研发服务并提供培训业务，取得含税研发服务收入30万元，含税培训收入10万元，发生业务支出7.2万元（未取得增值税专用发票）。

(2) 为丙公司提供技术项目论证服务，开具增值税专用发票注明金额为 120 万元。

(3) 向丁企业转让一项专利技术取得转让收入 240 万元，取得与之相关的技术咨询收入 60 万元，已履行相关备案手续。为戊企业提供技术服务，取得技术服务费，开具增值税专用发票注明金额 80 万元。

(4) 从一般纳税人处购进电脑及办公用品，取得增值税专用发票注明金额为 50 万元，支付运费，取得一般纳税人运输企业开具的增值税专用发票注明金额为 1 万元。

当月取得凭证符合税法规定，与免税项目无关。

根据上述资料，回答下列问题：

1. 业务 (1) (2) 应确认销项税额 (　　) 万元。
A. 8.37　　　　B. 8.49　　　　C. 9.46　　　　D. 9.06

解析 业务 (1) (2) 应确认的销项税额 = (30 + 10) / (1 + 6%) × 6% + 120 × 6% = 9.46 万元

【答案】C

2. 业务 (3) 应确认销项税额 (　　) 万元。
A. 6.40　　　　B. 21.18　　　　C. 3.00　　　　D. 4.8

解析 纳税人提供技术转让、技术开发和与之相关的技术咨询、技术服务，免征增值税。

销项税额 = 80 × 6% = 4.8 万元

【答案】D

3. 甲公司当月准予从销项税额中抵扣的进项税额 (　　) 万元。
A. 7.38　　　　B. 7.34　　　　C. 6.59　　　　D. 17.00

解析 业务 (1) 发生业务支出没有取得增值税专用发票，所以不能抵扣进项税。

当月准予从销项税额中抵扣的进项税额 = 50 × 13% + 1 × 9% = 6.59 万元

【答案】C

4. 甲公司当月应缴纳增值税 (　　) 万元。
A. 7.34　　　　B. 7.67　　　　C. 6.68　　　　D. 2.16

解析 应纳增值税 = 9.46 + 4.8 - 6.59 = 7.67 万元

【答案】B

【计算题】某软件企业为增值税一般纳税人（享受软件行业有关的税收优惠），2024 年 5 月发生如下业务：

(1) 销售自行开发的软件产品，取得不含税销售额 260 万元，提供软件技术服务，取得不含税服务费 35 万元。

(2) 购进用于软件产品开发及软件技术服务的材料，取得增值税专用发票，注明金额

30万元,税额3.9万元。

(3) 员工国内出差,报销时提供注明员工身份信息的航空运输电子客票行程单,注明票价2.18万元,民航发展基金0.12万元。

(4) 转让2015年度购入的一栋写字楼,取得含税收入8700万元,该企业无法提供写字楼发票,提供的契税完税凭证上注明的计税金额为2200万元。该企业转让写字楼选择按照简易计税方法计税。

已知:该企业不适用进项税额加计抵减政策,上述进项税额对应的购进用于一般计税项目。

根据上述资料,回答下列问题:

1. 业务(1)销项税额为( )万元。
　A. 15.60　　　　　B. 38.35　　　　　C. 35.90　　　　　D. 17.70

解析 业务(1)的销项税额 = 260×13% + 35×6% = 35.9万元

【答案】C

2. 该公司当期可抵扣的进项税额为( )万元。
　A. 4.08　　　　　B. 4.50　　　　　C. 4.49　　　　　D. 4.09

解析 当期可以抵扣的进项税额 = 3.9 + 2.18/(1 + 9%)×9% = 4.08万元
民航发展基金不得计算抵扣。

【答案】A

3. 业务(4)应缴纳增值税( )万元。
　A. 189.32　　　　B. 414.29　　　　C. 309.52　　　　D. 253.40

解析 业务(4)应缴纳的增值税 = (8700 - 2200)/(1 + 5%)×5% = 309.52万元

【答案】C

4. 该企业2024年5月实际缴纳增值税( )万元。
　A. 318.94　　　　B. 446.11　　　　C. 341.34　　　　D. 340.93

解析 增值税一般纳税人销售其自行开发生产的软件产品,按13%适用税率征收增值税后,对其增值税实际税负超过3%的部分实行即征即退政策。

(软件)销项税额 = 业务(1) 260×13%

(软件)进项税额 = 4.08×260/(260 + 35)

(软件)应纳增值税 = 260×13% - 4.08×260/(260 + 35) = 30.20万元

(软件)即征即退金额 = 30.20 - 260×3% = 22.4万元

(软件)实际应纳增值税 = 260×3% = 7.8万元

提供软件技术服务部分应纳增值税 = 35×6% - 4.08×35/(260 + 35) = 1.62万元

5月实际缴纳增值税 = 7.8 + 1.62 + 309.52 = 318.94万元

【答案】A

【计算题】某生产企业为增值税一般纳税人，销售货物适用增值税税率为13%。2024年3月发生以下业务：

（1）销售货物开具增值税专用发票注明金额200万元，暂未收到货款。

（2）购进货物支付货款价税合计90万元，取得注明税率为13%的增值税专用发票。支付运费价税合计2万元，取得一般纳税人企业开具的增值税专用发票。

（3）月末盘点库存材料时发现，上月购进均已计算抵扣进项税额的免税农产品（未纳入核定扣除范围）因管理不善发生非正常损失，已知损失的农产品账面成本为80万元（含一般纳税人运输企业提供的运输服务账面成本1.5万元）。

（4）转让2015年购入的商铺，取得价税合计1000万元，商铺原购入价500万元。该企业选择简易计税办法。

（5）期初留抵进项税额5万元。

已知，该企业当月购进项目的增值税专用发票均已申报抵扣。

根据上述材料，回答下列问题：

1. 业务（2）可抵扣进项税额（　　）万元。
A. 1.66　　　　B. 10.52　　　　C. 10.35　　　　D. 10.58

解析 可抵扣进项税额 = 90/（1+13%）×13% + 2/（1+9%）×9% = 10.52万元

【答案】B

2. 业务（3）应转出进项税额（　　）万元。
A. 7.9　　　　B. 7.2　　　　C. 8　　　　D. 8.86

解析 业务（3）应转出的进项税额 = （80−1.5）/（1−9%）×9% + 1.5×9% = 7.9万元

【答案】A

3. 业务（4）应缴纳增值税（　　）万元。
A. 23.81　　　　B. 41.28　　　　C. 47.62　　　　D. 82.57

解析 业务（4）应缴纳增值税 = （1000−500）/（1+5%）×5% = 23.81万元

【答案】A

4. 该企业3月应缴纳增值税为（　　）万元。
A. 42.19　　　　B. 23.38　　　　C. 22.62　　　　D. 47.12

解析 销项税额 = 200×13% = 26万元

准予抵扣的进项税额 = 10.52 + 5 − 7.9 = 7.62万元

3月应缴纳增值税 = （一般计税）26 − 7.62 + （简易计税）23.81 = 42.19万元

【答案】A

【综合分析题】甲造纸厂为增值税一般纳税人，纳税信用等级为A级，主营业务为销售办公用纸制品，2023年3月份业务情况如下：

（1）从某商贸公司（一般纳税人）处购入原木一批，增值税专用发票注明金额500万元，税额45万元；从某木材批发商（小规模纳税人）处购买原木一批，取得增值税专用发票注明金额150万元，税额4.5万元；从棉农手中购买棉花，价款20万元，开具农产品收购发票。款项当月已全部支付。前述原材料，生产车间已领用加工生产纸浆。

（2）购买纸浆一批，取得增值税专用发票注明金额120万元，税额15.6万元，发生相关运费，取得货运运输增值税专用发票，金额1万元，税额0.09万元，入库整理时发现5%的非正常损失。

（3）采用分期收款方式销售一批办公用纸，合同约定不含税货款为1500万元，本月按约定收取货款80%，剩下的部分下月结清。当月实际收到货款的40%。以预收货款方式销售一批印刷用纸，按预收款百分之百开具不含税发票300万元，已经发货70%。

（4）将2016年8月份购入的综合楼改建为员工宿舍，购入时取得增值税专用发票上注明金额2000万元，税额100万元，税额已抵扣，该不动产的净值率为70%。

（5）销售2008年购入机械设备一台，购入时按当时政策未抵扣进项税，取得含税收入1.03万元，已开具增值税专用发票。

（6）回收废纸，取得增值税专用发票，注明税额6.5万元，销售处理废纸后再生产品取得不含税收入5万元，销售再生纸取得不含税收入280万元。受托加工再生纸浆，收取不含税加工费15万元，产品返回给委托方。

（7）该造纸厂当月的污染物排放情况如下，二类水污染物SS、CODcr、氨氮、总磷，排放量均为200千克，大气污染物SO_2、CO、甲醛、苯、硫化氢排放量分别为：100千克、100千克、50千克、80千克、120千克，对应的污染当量值，以及环境保护税单位税额见下表。

二类水污染物	污染当量值（千克）	大气污染物	污染当量值（千克）
SS	4	SO_2	0.95
CODcr	1	CO	16.7
氨氮	0.8	甲醛	0.09
总磷	0.25	苯	0.05
		硫化氢	0.29
计税单位：千克	税额：3.6元/千克	计税单位：千克	税额：1.2元/千克

已知，该企业适用13%税率，增值税当月已申报，享受优惠政策条件已申报，该企业在2023年1月因违反生态环境保护的法律法规受到行政处罚，罚款20万元。

根据上述资料，回答下列问题。

1. 业务（1）可抵扣进项税额为（　　）万元。
A. 59.8　　　　　B. 67　　　　　C. 60.3　　　　　D. 51.3

解析　可以抵扣的进项税额=45+500×1%+150×10%+20×10%=67万元

【答案】B

2. 业务（5）应缴纳的增值税为（　　）万元。
A. 0.02　　　　　B. 0.13　　　　　C. 0.12　　　　　D. 0.03

解析　应缴纳的增值税 = 1.03/（1 + 3%）×3% = 0.03 万元
【答案】 D

3. 业务（6）应缴纳的增值税销项税额为（　　）万元。
A. 37.05　　　　B. 37.3　　　　　C. 37.95　　　　D. 39

解析　应缴纳的增值税销项税额 = 5×13% + 280×13% + 15×13% = 39 万元
【答案】 D

4. 甲造纸厂 3 月应缴纳的增值税为（　　）万元。
A. 215.62　　　　B. 202.87　　　　C. 203.45　　　　D. 213.11

解析　业务（1）可以抵扣的进项税额为 67 万元。
业务（2）可以抵扣的进项税额 =（15.6 + 0.09）×（1 - 5%）= 14.91 万元
业务（3）销项税额 = 1500×80%×13% + 300×13% = 195 万元
业务（4）进项税额转出 = 100×70% = 70 万元
业务（5）应缴纳的增值税为 0.03 万元。
业务（6）销项税额为 39 万元，进项税额为 6.5 万元。
甲造纸厂 3 月应缴纳的增值税 = 195 + 39 -（67 + 14.91 + 6.5 - 70）+ 0.03 = 215.62 万元
【答案】 A

5. 甲造纸厂 3 月应缴纳的环境保护税为（　　）万元。
A. 0.77　　　　　B. 0.79　　　　　C. 0.76　　　　　D. 0.64

解析　二类水污染物的污染当量数：
SS 污染当量数 = 200/4 = 50
COD_{cr} 污染当量数 = 200/1 = 200
氨氮污染当量数 = 200/0.8 = 250
总磷污染当量数 = 200/0.25 = 800
二类水污染物应缴纳环境保护税 =（800 + 250 + 200）×3.6 = 4500 元
大气污染物的污染当量数：
SO_2 = 100/0.95 = 105.26
CO = 100/16.7 = 5.99
甲醛 = 50/0.09 = 555.56
苯 = 80/0.05 = 1600
硫化氢 = 120/0.29 = 413.79
大气污染物应缴纳环境保护税 =（1600 + 555.56 + 413.79）×1.2 = 3083.22 元
因此，甲造纸厂 3 月应缴纳的环境保护税 =（4500 + 3083.22）/10000 = 0.76 万元。
【答案】 C

6. 下列说法正确的有（　　）。
A. 大气污染物，按照污染当量数从大到小排序，对前五项污染物征收环境保护税
B. 一类水污染物，按照污染当量数从大到小排序，对前五项污染物征收环境保护税
C. 甲造纸厂当月可申请即征即退增值税额为 0.4 万元
D. 大气污染物，按照污染当量数从大到小排序，对前三项污染物征收环境保护税
E. 一类水污染物，按照污染当量数从大到小排序，对前三项污染物征收环境保护税

解析 选项 A，大气污染物，按照污染当量数从大到小排序，对前三项污染物征收环境保护税。选项 C，甲造纸厂因 2023 年 1 月违反生态环境保护的法律法规受到行政处罚，罚款 20 万元，所以不满足申请即征即退优惠条件。选项 E，一类水污染物，按照污染当量数从大到小排序，对前五项污染物征收环境保护税。

【答案】BD

【综合分析题】位于市区的某食品加工厂（增值税一般纳税人）在职的残疾工作人员有 50 名（非本年招录）。2023 年 6 月发生业务如下：

（1）从农户手中购入一批鸡蛋，开具农产品收购发票注明的金额为 100 万元，当月全部领用制成蛋黄酱。另从商贸企业购入鸭蛋，取得增值税普通发票注明的金额为 200 万元。

（2）进口三文鱼一批，取得进口增值税专用缴款书上注明的税额是 60 万元。当月已申报抵扣。

（3）将加工生产完成的蛋黄酱全部对外销售，取得不含税销售额 120 万元。

（4）将购入的鸭蛋，50% 直接销售取得不含税销售额 120 万元。另外 50% 加工成预制菜对外销售，取得不含税销售额 150 万元。

（5）将进口的三文鱼用于加工三文鱼罐头并全部销售，取得不含税销售额 200 万元。

（6）销售购进的玉米罐头，取得不含税销售额 180 万元。

（7）仓库保管不善，导致一批包装袋被盗，已经申报抵扣的增值税税额为 5 万元。取得保险公司赔款为 10 万元。

（8）因政策性搬迁，政府拨给设备补偿款 100 万元。设备原值 200 万元，累计已计提折旧 90 万元，设备购买时的适用税率为 16%，已按政策抵扣进项税额。

（其他相关资料：本题不适用农产品核定扣除政策，当地政府公布的月最低工资标准 1600 元，平均工资 4800 元。企业其他条件均符合优惠政策相关要求。仅针对第 6 问而言该企业上年在职职工人数 4000 人，残疾人用工人数近两年未发生变化，上年该企业在职职工平均工资 5000 元，当地政府规定的安排残疾人就业比例为 1.5%）

要求：根据上述资料，按照下列顺序回答问题。

1. 该企业当月准予从销项税额中抵扣的进项税额（　　）万元。
A. 85　　　　　　B. 65　　　　　　C. 71.67　　　　　　D. 91.67

解析 业务（1）可以抵扣的进项税额 = 100 × 10% = 10 万元，从农户手中购入的鸡蛋已经生产领用制成蛋黄酱，可以按 10% 抵扣进项税额。鲜活肉蛋流通环节免税，购入鸭蛋取得普通发票的不得抵扣进项税额。

业务（2）可抵扣60，业务（5）生产领用加工三文鱼罐头，加计抵减1%，所以业务（2）可抵扣进项税额 = 60 + 60/9% × 1% = 66.67万元。

业务（7）应转出的进项税额 = 5万元，因管理不善造成货物被盗、丢失、霉烂变质，属于非正常损失，已经申报抵扣的增值税应做进项税额转出处理。

业务（8）收到政府补贴关键看与销售是否挂钩，本业务是由于政策性搬迁，属于不征税收入，相应设备进项税不需要转出。

合计，当期可抵扣的进项税额 = 10 + 66.67 - 5 = 71.67万元。

【答案】C

2. 该企业当月销项税额（　　）万元。
   A. 84.5　　　　B. 99.2　　　　C. 104　　　　D. 91.67

解析 业务（3）的销项税额 = 120 × 13% = 15.6万元，蛋黄酱不属于初级农产品，适用13%的税率。

业务（4）的销项税额 = 150 × 13% = 19.5万元，购入的鸭蛋，50%直接销售，仍属于流通环节，可以免征增值税。

业务（5）的销项税额 = 200 × 13% = 26万元

业务（6）的销项税额 = 180 × 13% = 23.4万元

业务（7）取得保险公司赔款不征税。

业务（8）收到政府补贴关键看与销售是否挂钩，本业务是由于政策性搬迁，属于不征税收入，不计算销项税额。

合计，当月销项税额 = 15.6 + 19.5 + 26 + 23.4 = 84.5万元。

【答案】A

3. 该企业当月增值税即征即退限额（　　）万元。
   A. 0　　　　B. 32　　　　C. 100　　　　D. 96

解析 雇佣残疾人员的税收优惠。

增值税：纳税人安置残疾人享受增值税限额即征即退优惠政策。（月最低标准的4倍）

增值税即征即退限额 = 纳税人本月安置残疾人员人数 × 本月月最低工资标准 × 4倍 = 50 × 1600 × 4/10000 = 32万元

【答案】B

4. 该企业当月实际缴纳增值税（　　）万元。
   A. 0　　　　B. 12.83　　　　C. 32　　　　D. 12.33

解析 应纳增值税 = 84.5 - 71.67 = 12.83万元

缴纳12.83万元税款后，增值税即征即退限额32万元，退还12.83万元，则实际缴纳增值税0。

【答案】A

5. 该企业当期应缴纳的城市维护建设税、教育费附加和地方教育附加（　　）万元。
A. 0　　　　　　B. 1.54　　　　　　C. 1.48　　　　　　D. 3.84

解析　当期应缴纳的城市维护建设税 = 12.83 × 7% = 0.90 万元
当期应缴纳的教育费附加 = 12.83 × 3% = 0.38 万元
当期应缴纳的地方教育附加 = 12.83 × 2% = 0.26 万元
合计金额 = 0.90 + 0.38 + 0.26 = 1.54 万元

【答案】 B

6. 本省要求本期缴纳上年残疾人就业保障金，该企业应缴费（　　）万元。
A. 5　　　　　　B. 2.5　　　　　　C. 4.5　　　　　　D. 0

解析　残保金年缴纳额 = （上年用人单位在职职工人数 × 所在地省、自治区、直辖市人民政府规定的安排残疾人就业比例 - 上年用人单位实际安排的残疾人就业人数）× 上年用人单位在职职工年平均工资（或当地社会平均工资的2倍，孰低）=（4000 × 1.5% - 50）× 5000/10000 = 5 万元

优惠政策：自2020年1月1日至2027年12月31日，安排比例达到1%（含）以上，但未达到规定比例，50%缴纳。

该企业安排比例 50/4000 = 1.25%，50%缴纳。

实际缴费 = 5 × 50% = 2.5 万元

【答案】 B

【综合分析题】 甲公司为增值税一般纳税人，主要经营交通运输服务，内部设有驾驶员培训部。2024年3月发生如下业务：

（1）购进经营用油料及其他物料，取得增值税专用发票注明金额为12万元，税额1.56万元。

（2）购进一栋写字楼取得增值税专用发票注明金额200万元，税额18万元。装修该写字楼购进材料，取得增值税专用发票并注明金额50万元、税额6.5万元。装修后80%用作运输部办公室，其余20%用作驾驶员培训部办公室。驾驶员培训部购进办公用品取得增值税专用发票注明金额6万元、税额0.78万元。

（3）运输部更新运输车辆，自汽车厂（一般纳税人）购进货车取得机动车销售统一发票，发票上注明的金额为80万元，另支付牌照费0.8万元和保险费1万元，取得公司开具的普通发票。

（4）为客户提供货物运输服务与装卸搬运服务共取得服务费460万元。其中，运输服务费400万元、装卸搬运服务费60万元。

（5）与具有网络平台公路货物运输资质的乙公司（一般纳税人）建立合作关系，乙公司以自己的名义通过网络平台承揽公路货物运输服务并承担运输人责任，取得服务费100万元。甲公司完成乙公司承揽的公路货物运输服务，取得乙公司支付的运输保险费90万元，并向乙公司开具增值税专用发票。

（6）驾驶员培训部取得培训收入60万元。

(7) 为支援灾区,甲公司组成车队为当地民生工作无偿提供运输服务,车队成本为35万元,同类运输服务销售额为42万元。

已知:甲公司取得的相关凭证符合税法规定并在当月勾选抵扣。上述收入均为不含税收入。上述业务中可选择简易计税方法计税的,均已选择。

根据以上资料,回答下列问题:

1. 甲公司业务(2)准予从销项税额中抵扣的进项税额为( )万元。
   A. 24.5   B. 25.28   C. 19.6   D. 20.38

   解析 驾驶员培训业务选择简易计税,所以驾驶员培训部购进办公用品进项税额不得抵扣。
   业务(2)准予从销项税额中抵扣的进项税额 = 18 + 6.5 = 24.5 万元
   【答案】A

2. 甲公司业务(4)应计算增值税销项税额( )万元。
   A. 41.46   B. 39.6   C. 36   D. 29.46

   解析 装卸搬运服务选择简易计税方法计算应纳税额。
   业务(4)应计算增值税销项税额 = 400 × 9% = 36 万元
   【答案】C

3. 关于网络货物运输业务的税务处理,下列说法正确的有( )。
   A. 乙公司应计算增值税销项税额9万元
   B. 乙公司通过网络平台承揽公路货物运输业务取得的收入,应按照"信息中介服务"计算缴纳增值税
   C. 乙公司通过网络平台承揽公路货物运输业务取得的收入,应按照"交通运输服务"计算缴纳增值税
   D. 乙公司可以从销项税额中抵扣进项税额8.1万元
   E. 甲公司应计算增值税销项税额8.1万元

   解析 选项B,乙公司通过网络平台承揽公路货物运输业务取得的收入,应按照"交通运输服务"计算缴纳增值税。
   【答案】ACDE

4. 关于业务(6)和业务(7)的税务处理,下列说法正确的有( )。
   A. 驾驶员培训业务收入应缴纳增值税1.8万元
   B. 为支援灾区无偿提供运输服务的进项税额不得从销项税额中抵扣
   C. 为支援灾区民生工作无偿提供运输服务应计算增值税销项税额3.78万元
   D. 为支援灾区民生工作无偿提供运输服务免征增值税
   E. 驾驶员培训业务的进项税额不得从销项税额中抵扣

   解析 选项A,驾驶员培训业务收入属于非学历教育,可以选择简易计税,征收率

3%，应缴纳的增值税=60×3%=1.8万元。选项BCD，单位或者个体工商户向其他单位或者个人无偿提供服务用于公益事业或者以社会公众为对象的，无需视同销售服务，不用缴纳增值税。甲公司为当地民生工作无偿提供运输服务，属于无偿提供服务用于公益事业或者以社会公众为对象，无需视同销售，不缴纳增值税。选项E，驾驶员培训业务选择简易计税，其进项不得从销项税额中抵扣。

【答案】AE

5. 甲公司本月不得抵扣的进项税额为（　　）万元。
A. 9.25　　　　　　B. 5.83　　　　　　C. 1.09　　　　　　D. 7.33

【解析】 本题中业务（2）的购进写字楼及其装修的进项税额24.5万元（18+6.5）与业务（3）中购进运输车辆的进项税额10.4万元（80×13%）可以全额抵扣。

业务（2）驾驶员培训部购进办公用品的进项税额0.78万元不得抵扣。

业务（1）购进经营油料及其他物料的进项税额1.56万元，需要分摊计算不可抵扣的进项税额。

甲公司本月不得抵扣的进项税额=1.56×（60+60）/（400+60+90+60）+0.78=1.09万元。

【答案】C

6. 甲公司本月应缴纳增值税（　　）万元。
A. 15.02　　　　　　B. 11.55　　　　　　C. 22.35　　　　　　D. 18.57

【解析】 业务（4）销项税额=400×9%=36万元

业务（5）销项税额=90×9%=8.1万元

本月可以抵扣的进项税额合计=1.25+18+6.5+80×13%=36.15万元

一般计税方法下应缴纳的增值税=36+8.1-36.15=7.95万元

简易计税方法应缴纳的增值税=60×3%（业务4）+60×3%（业务6）=3.6万元

甲公司本月应缴纳增值税=7.95+3.6=11.55万元

【答案】B

【综合分析题】甲商城为增值税一般纳税人，2024年3月发生以下业务：

（1）珠宝部销售金银首饰取得含税销售额189万元，销售珍珠、玉石首饰取得含税销售额245万元；受托加工金银首饰，收取不含税加工费2万元，委托方提供的原料成本为6万元；以旧换新方式销售金银首饰，同类金银首饰的含税销售额21万元，旧金银首饰作价6万元，实际取得含税销售额15万元。

（2）商城的超市采取线上交易配送到家方式销售商品，零售额85万元；线下零售额181.6万元，其中销售米、面、食用植物油、水果取得含税销售额46万元。

（3）销售服装、家电取得含税销售额1695万元。

（4）商城开展科普活动，取得科普讲座门票收入含税金额5.3万元。

（5）由于2月销售的商品出现质量问题，与购货方协商后按照不含税金额200万元给予购货方20%折让,并按折让金额开具红字发票。

(6)商城内建设休闲区供顾客休息,购进桌椅等物品,取得增值税专用发票注明税额合计0.8万元;购进一批货物捐赠给目标脱贫地区的扶贫对象,取得增值税专用发票,注明金额50万元,税额6.5万元,商城超市从某农贸市场(小规模纳税人)购进水果,取得的增值税普通发票注明金额20万元;支付快递费,取得一般纳税人开具的增值税专用发票,注明金额0.5万元;从国内购进其他商品和服务,取得的增值税专用发票注明税额合计12.56万元。

(7)从境内某品牌家电供应商取得与销售额挂钩的平销返利收入3万元。

(8)由于保管不善,从一般纳税人处购进一批服装发生丢失,该批服装的账面成本为13万元(已抵扣进项税额),其中包括一般纳税人提供运输的运费成本1万元。

已知:当月取得的相关票据均已申报抵扣,企业未放弃相关税收优惠。

根据上述业务,回答下列问题:

1. 业务(1)应缴纳消费税( )万元。
   A. 9.45   B. 9.71   C. 9.76   D. 20.29

解析 业务(1)应缴纳消费税=(189+15)/(1+13%)×5%+(2+6)/(1-5%)×5%=9.45万元

【答案】A

2. 业务(2)销项税额为( )万元。
   A. 34.66   B. 29.18   C. 25.38   D. 30.67

解析 业务(2)销项税额=(85+181.6-46)/(1+13%)×13%+46/(1+9%)×9%=29.18万元

【答案】B

3. 本月销项税额合计( )万元。
   A. 271.33   B. 242.79   C. 271.19   D. 271.36

解析 业务(1)销项税额=(189+245+15)/(1+13%)×13%+2×13%=51.91万元

业务(2)销项税额=29.18万元

业务(3)销项税额=1695/(1+13%)×13%=195万元

业务(4)销项税额=5.3/(1+6%)×6%=0.3万元

业务(5)冲减销项税额=200×20%×13%=5.2万元

本月销项税额合计=51.91+29.18+195+0.3-5.2=271.19万元

【答案】C

4. 业务(6)准予从销项税额中抵扣的进项税额( )万元。
   A. 21.66   B. 13.39   C. 19.06   D. 19.09

解析 业务（6）准予从销项税额中抵扣的进项税额＝0.8＋0.5×6%＋12.56＝13.39万元

【答案】B

5. 本月应缴纳增值税（　　）万元。
A. 259.80　　　　B. 254.27　　　　C. 225.77　　　　D. 259.85

解析 业务（7）冲减进项税额＝3/（1＋13%）×13%＝0.35万元
业务（8）进项税额转出＝（13－1）×13%＋1×9%＝1.65万元
本月应缴纳增值税＝271.19－（13.39－0.35－1.65）＝259.80万元

【答案】A

6. 关于甲商城本月业务的税务处理，下列说法正确的有（　　）。
A. 开展科普讲座门票收入免征增值税
B. 由于2月销售的商品出现质量问题而给予购货方的折让可以从本期计税销售额中扣除
C. 为建设休闲区购进各类物品的进项税额不允许从当期销项税额中抵扣
D. 为捐赠目标脱贫地区扶贫对象购进货物的进项税额不得从当期销项税额中抵扣
E. 从境内供应商取得的返还收入应计提销项税额

解析 选项A，自2018年1月1日至2027年12月31日，对科普单位的门票收入，以及县级及以上党政部门和科协开展科普活动的门票收入，免征增值税。科普单位，是指科技馆、自然博物馆、对公众开放的天文馆（站、台）、气象台（站）、地震台（站），以及高等院校、科研机构对公众开放的科普基地。商城开展科普活动取得的科普讲座门票收入，应按规定计算缴纳增值税。选项C，为建设休闲区购进各类物品，属于用于经营管理，其进项税额可以抵扣。选项E，商业企业向供货方收取的与商品销售量、销售额挂钩的各种返还收入，均应按照平销返利行为的有关规定冲减当期增值税进项税额。

【答案】BD

【综合分析题】甲市某公司为增值税一般纳税人，主要从事旅居业务。2023年3月主要经营业务如下：

（1）整体出售一幢位于乙市的酒店式公寓，总含税价款为16350万元。该公寓楼总建筑面积5000平方米，本月无其他经营收入。

（2）该公司转让时无法取得该酒店式公寓评估价格，扣除项目金额按照发票所载金额确定（暂不考虑印花税）。

（3）该公寓楼于2018年5月购进用于经营，取得的增值税专用发票上注明金额11000万元，税额1100万元，价税合计12100万元；在办理产权过户时，缴纳契税330万元，取得契税完税凭证；转让前累计发生贷款利息支出1058.75万元、装修支出1000万元。

（4）本月租入甲市一幢楼房，按合同约定支付本月含税租金合计10万元，取得增值税专用发票,出租方按一般计税方法计算增值税。该租入楼房50%用于企业经营,50%用于职工宿舍。

(5)本月月初增值税留抵税额为1100万元。地方教育附加允许计算扣除。(不考虑六税两费优惠政策)

根据上述资料,回答下列问题:

1. 该公司转让酒店式公寓应在乙市预缴增值税( )万元。
   A. 188.57　　　　　B. 195.00　　　　　C. 202.38　　　　　D. 197.14

   解析 该公司应在乙市预缴增值税 = (16350 - 12100) / (1 + 5%) × 5% = 202.38万元

   【答案】C

2. 2023年3月该公司在甲市实际缴纳增值税( )万元。
   A. 195.26　　　　　B. 210.52　　　　　C. 59.26　　　　　D. 46.79

   解析 该公司在甲市实际缴纳增值税 = 16350 / (1 + 9%) × 9% - 10 / (1 + 9%) × 9% - 1100 - 202.38 = 46.79万元

   【答案】D

3. 该公司在计算土地增值税时,准予扣除的"与转让房地产有关的税金"( )万元。
   A. 492.00　　　　　B. 162.00　　　　　C. 360.00　　　　　D. 346.80

   【答案】C

   解析 准予扣除的"与转让房地产有关的税金" = [16350 / (1 + 9%) × 9% - 1100] × (7% + 3% + 2%) + 330 = 360万元

4. 该公司在计算土地增值税时,可以扣除的项目金额合计为( )万元。
   A. 12650　　　　　B. 12100　　　　　C. 14110　　　　　D. 12640

   解析 该公司转让酒店式公寓可扣除项目合计金额 = 11000 × (1 + 5 × 5%) + 360 = 14110万元

   【答案】C

5. 该公司转让酒店式公寓应缴纳土地增值税( )万元。
   A. 277.94　　　　　B. 295.56　　　　　C. 267.00　　　　　D. 600.96

   解析 增值额 = [16350 - 16350 / (1 + 9%) × 9%] - 14110 = 890万元
   增值率 = 890 / 14110 × 100% = 6.31%,适用税率为30%,速算扣除系数为0。
   该公司转让酒店式公寓应缴纳土地增值税 = 890 × 30% = 267万元

   【答案】C

6. 关于该公司转让酒店式公寓，下列说法正确的有（　　）。

A. 如果税务部门发现该公司申报的计税价格明显低于同类房地产市场评估价格且无正当理由的，该公司应按同类房地产的市场评估价格作为房地产的转让收入计算土地增值税

B. 增值率未超过20%，可以免征土地增值税

C. 购买公寓楼时支付的契税准予作为"与转让房地产有关的税金"项目予以扣除

D. 购买公寓楼的贷款利息支出准予作为扣除项目予以扣除

E. 该公司在公寓楼转让前发生的装修支出可以作为扣除项目予以扣除

🔍 **解析**　选项B，转让旧房作为改造安置住房房源且增值额未超过扣除项目金额20%（含20%）的，免征土地增值税。选项DE，转让旧房及建筑物的，应按房屋及建筑物的评估价格、取得土地使用权所支付的地价款和按国家统一规定缴纳的有关费用，以及在转让环节缴纳的税金作为扣除项目金额计征土地增值税，贷款利息支出和装修支出没有作为扣除项目予以扣除的规定。

【答案】AC

第三章 消费税

■ 考情分析

1. 重要程度：本章节属于本书次重要章节，分值在 15~20 分之间。
2. 考查题型：结合近 5 年经典题，通常以单选题、多选题、计算分析题、综合题的形式进行考查。

■ 考点分布

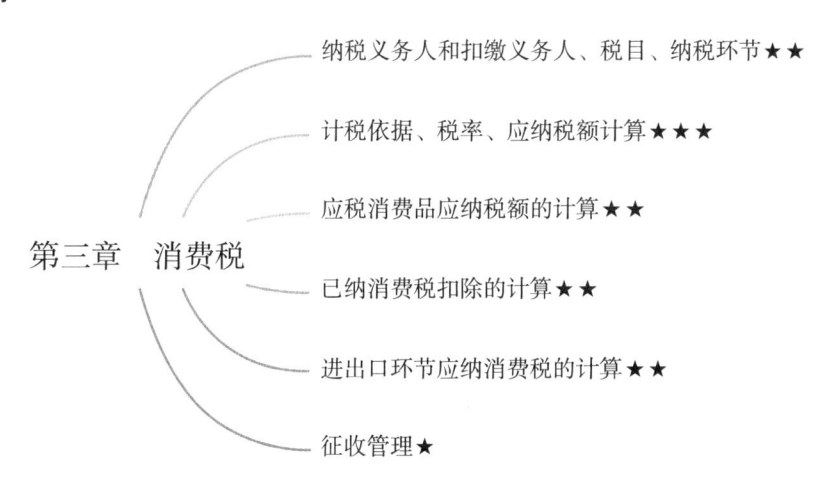

第三章 消费税
- 纳税义务人和扣缴义务人、税目、纳税环节 ★★
- 计税依据、税率、应纳税额计算 ★★
- 应税消费品应纳税额的计算 ★★
- 已纳消费税扣除的计算 ★★
- 进出口环节应纳消费税的计算 ★★
- 征收管理 ★

> **高频考点** 纳税义务人和扣缴义务人、税目、纳税环节 ★★

【单选题】下列单位不属于消费税纳税人的是（　　）。
A. 委托加工烟丝的单位　　　　　　　B. 进口实木地板的单位
C. 受托加工卷烟的单位　　　　　　　D. 生产销售白酒的单位

解析　受托加工应税消费品的单位是消费税的代收代缴义务人，不是消费税的纳税人。
【答案】C

【多选题】下列各项业务，应同时征收增值税和消费税的有（　　）。
A. 代加工电子烟企业收取的代加工费　　B. 汽车厂销售自产电动汽车
C. 银行销售金条　　　　　　　　　　　D. 进出口公司进口高档手表
E. 加工厂销售自产动物性润滑油

解析　选项 A，电子烟生产环节纳税人，是指取得烟草专卖生产企业许可证，并取得或经许可使用他人电子烟产品注册商标（以下称持有商标）的企业。通过代加工方式生产电子烟的，由持有商标的企业缴纳消费税。加工费不征收消费税。

81

选项B，电动汽车不是消费税征税范围，不征消费税。

选项C，根据《中华人民共和国消费税暂行条例》的规定，贵重首饰及珠宝玉石，包括：（1）金银首饰、铂金首饰和钻石及钻石饰品；（2）其他贵重首饰和珠宝玉石，应缴纳消费税，金条不在此范围之内，因此金条不需要缴纳消费税。

选项E，润滑油的征收范围包括矿物性润滑油、矿物性润滑油基础油、植物性润滑油、动物性润滑油和化工原料合成润滑油。以植物性、动物性和矿物性基础油（或矿物性润滑油）混合掺配而成的"混合性"润滑油，不论矿物性基础油（或矿物性润滑油）所占比例高低，均属润滑油的征收范围。

增值税中，资源综合利用即征即退政策目录中，有以废弃动物油和植物油生产生物柴油、工业级混合油，符合条件即征即退70%的相关政策。

【答案】DE

【单选题】下列商品中，属于消费税征收范围的是（   ）。
A. 气缸容量250毫升（不含）以下的小排量摩托车
B. 锂原电池
C. 变压器油
D. 电动汽车

解析　锂原电池属于消费税征收范围，电池范围包括原电池、蓄电池、燃料电池、太阳能电池和其他电池。自2015年2月1日起，对无汞原电池、金属氢化物镍蓄电池（又称"氢镍蓄电池"或"镍氢蓄电池"）、锂原电池、锂离子蓄电池、太阳能电池、燃料电池和全钒液流电池免征消费税。

【答案】B

【单选题】下列消费品中，不属于消费税"烟"税目征税范围的是（   ）。
A. 电子烟　　　　B. 卷烟　　　　C. 雪茄烟　　　　D. 晾晒烟叶

解析　选项ABC，均属于消费税"烟"税目征税范围。本税目下设卷烟（包括进口卷烟、白包卷烟、手工卷烟和未经国务院批准纳入计划的企业及个人生产的卷烟）、雪茄烟、烟丝和电子烟四个子目。

【答案】D

拓展

消费税税目	征收范围	不缴纳的情形
烟	卷烟、雪茄烟、烟丝、电子烟	烟叶（不征）
酒	白酒、啤酒、葡萄酒等	调味料酒、酒精（不征）
高档化妆品	不含增值税在10元/毫升（克）或15元/片（张）及以上的美容、修饰和护肤类化妆品；香水精	（1）舞台、戏剧、影视演员化妆用的上妆油、卸妆油、油彩（不征）；（2）洗发液、沐浴液等（不征）

续表

消费税税目	征收范围	不缴纳的情形
贵重首饰及珠宝玉石	合成刚玉、合成宝石、玻璃仿制品	
鞭炮、焰火		体育上用的发令纸、鞭炮药引线（不征）
成品油		（1）变压器油、导热油、绝缘油类（不征）； （2）符合条件的纯生物柴油（免征）； （3）航空、航天煤油暂缓征收； （4）成品油生产企业在生产成品油过程中，作为燃料、动力及原料消耗掉的自产成品油（免征）； （5）利用废矿物油为原料生产的润滑油基础油、汽油、柴油等工业油料（免征）
小汽车	乘用车、中轻型商用客车、超豪华小汽车	电动汽车、沙滩车、雪地车、卡丁车、高尔夫车、大客车、货车（不征）
摩托车	250毫升及以上的摩托车	气缸容量小于250毫升（不含）的（不征）、电动摩托车（不征）
高尔夫球及球具	高尔夫球、球杆（包括杆头、杆身、握把）、球包（袋）	高尔夫球帽、高尔夫球车（不征）
游艇	机动艇	无动力艇和帆艇（不征）
木制一次性筷子		竹制一次性筷子、可以反复利用的筷子（不征）
实木地板		
电池	铅蓄电池	无汞原电池、金属氢化物镍蓄电池、锂原电池、锂离子蓄电池、太阳能电池、燃料电池和全钒液流电池（免征）
涂料		施工状态VOC含量低于420克/升（含）的涂料（免征）

高频考点 · 计税依据、税率、应纳税额计算 ★★★

【多选题】下列关于消费税计税销售额，说法正确的有（   ）。
A. 销售额不包括向购买方收取的增值税税款
B. 纳税人生产电子烟，按生产销售电子烟的销售额计算纳税

C. 白酒生产企业向商业销售单位收取的"品牌使用费"计入销售额

D. 发票承运部门开具给购买方的代垫运输费用属于价外费用，计入销售额

E. 销售额为纳税人销售应税消费品向购买方收取的全部价款

解析 选项D，消费税销售额不包括：同时符合以下条件的代垫运输费用：（1）承运部门的运输费用发票开具给购买方的；（2）纳税人将该项发票转交给购买方的。选项E，销售额为纳税人销售应税消费品向购买方收取的全部价款和价外费用。

【答案】 ABC

【多选题】 下列应税消费品中，需要在批发环节缴纳消费税的有（　　）。

A. 烟丝　　B. 电子烟　　C. 雪茄烟　　D. 卷烟

解析 烟丝和雪茄烟在批发环节不征税。

【答案】 BD

【单选题】 2023年5月，某卷烟批发企业（增值税一般纳税人）批发销售给卷烟零售企业卷烟6标准箱，取得含税收入120万元。该企业当月应纳消费税（　　）万元。（卷烟在批发环节消费税税率11%加250元/箱）

A. 57.52　　B. 37.01　　C. 57.59　　D. 11.83

解析 该企业当月应纳消费税=120/（1+13%）×11%+6×250/10000=11.83万元。

【答案】 D

【单选题】 关于消费税从价定率计税销售额，下列说法正确的是（　　）。

A. 消费税计税销售额包括增值税

B. 白酒包装物押金收取时不计入计税销售额

C. 白酒品牌使用费应计入计税销售额

D. 金银首饰包装费不计入计税销售额

解析 选项A，消费税计税销售额不包括增值税。选项B，白酒包装物押金收取时计入计税销售额。选项D，金银首饰包装费计入计税销售额。

【答案】 C

【多选题】 关于白酒消费税最低计税价格的核定，下列说法正确的有（　　）。

A. 生产企业实际销售价格高于核定最低计税价格的，按实际销售价格申报纳税

B. 白酒消费税最低计税价格核定范围包括白酒批发企业销售给商场的白酒

C. 国家税务总局选择核定消费税计税价格的白酒，核定比例统一确定为20%

D. 白酒生产企业消费税计税价格高于销售单位对外销售价格70%（含70%）以上的，暂不核定最低计税价格

E. 白酒消费税最低计税价格由行业协会核定

解析 选项B，白酒消费税最低计税价格核定范围不包括白酒批发企业销售给商场的白酒。选项C，国家税务总局选择核定消费税计税价格的白酒，核定比例统一确定为60%。选

项 E，白酒消费税最低计税价格由白酒生产企业自行申报，税务机关核定。

【答案】AD

【多选题】某化妆品公司（一般纳税人）将新研制的高档化妆品与普通护肤护发品组成化妆品礼品盒，其中，高档化妆品的生产成本为 120 元/套，普通护肤护发品的生产成本为 70 元/套。2023 年 10 月将 100 套化妆品礼品盒赠送给某电商作为样品试用。其税务处理正确的有（　　）。（高档化妆品消费税税率 15%，成本利润率 5%）

A. 将礼品盒赠送给某电商，不需要缴纳增值税
B. 将礼品盒赠送给某电商，不需要缴纳消费税
C. 普通护肤护发品不属于应税消费品，礼品盒中的普通护肤护发品不缴纳消费税
D. 礼品盒中的普通护肤护发品需要按照高档化妆品适用税率缴纳消费税，同时缴纳增值税
E. 该化妆品公司应就赠送行为缴纳消费税 3520.59 元

解析 该化妆品公司将礼品盒赠送给电商作为样品试用，应视同销售，缴纳增值税和消费税。

纳税人将应税消费品与非应税消费品，以及适用税率不同的应税消费品组成成套消费品销售的，应根据成套消费品的销售金额按应税消费品中适用最高税率的消费品税率征税。

该化妆品公司应缴纳消费税 = 100 ×（120 + 70）×（1 + 5%）/（1 - 15%）× 15% = 3520.59 元

【答案】DE

【单选题】关于成品油生产企业的消费税政策，下列说法正确的是（　　）。

A. 在生产成品油过程中对作为动力消耗的自产成品油征收消费税
B. 在生产成品油过程中对作为燃料消耗的自产成品油征收消费税
C. 在生产成品油过程中对作为原料消耗的自产成品油征收消费税
D. 对用于其他用途或者直接销售的成品油征收消费税

解析 选项 ABC，对成品油生产企业在生产成品油过程中，作为燃料、动力及原料消耗的自产成品油，免征消费税。对用于其他用途或者直接销售的成品油照章征收消费税。

【答案】D

【单选题】2023 年 10 月国内某手表生产企业（一般纳税人）进口手表机芯 200 只，海关审定的关税计税价格为 0.8 万元/只，关税税率 30%，企业完税后海关放行。当月领用手表机芯 150 只生产销售手表 150 只，每只不含税售价为 2.8 万元。已知高档手表适用的消费税税率为 20%。2023 年 10 月该手表生产企业应缴纳消费税（　　）万元。

A. 0　　　　　　B. 84　　　　　　C. 32　　　　　　D. 136

解析 手表机芯不属于消费税征税范围，进口手表机芯不征收消费税。生产领用机芯也不存在扣除情况。

该手表生产企业应纳消费税 = 150 × 2.8 × 20% = 84 万元

【答案】B

【单选题】2024年6月某汽车厂（一般纳税人）将自产的5辆小轿车、10辆货车用于对外投资，小轿车出厂不含税平均价格为24万元/辆，最高不含税售价25.5万元/辆，货车平均不含税售价8万元/辆，最高不含税售价8.6万元/辆。该汽车厂上述业务应纳消费税是（　　）万元。（以上价格均为不含税价格，小轿车消费税税率为12%）

A. 14.10　　　　　B. 15.30　　　　　C. 23.70　　　　　D. 25.62

解析　纳税人自产的应税消费品用于换取生产资料和消费资料、投资入股和抵偿债务等方面，应当按照纳税人同类应税消费品的最高销售价格作为计税依据。货车不属于消费税的征税范围，因此只计算小轿车对应的消费税即可。

该汽车厂应纳消费税 = 5 × 25.5 × 12% = 15.30 万元

【答案】 B

【单选题】某电子烟厂为增值税一般纳税人，下设一非独立核算的展销部，2024年5月将自产的100箱电子烟移送到展销部展销，给展销部的作价为1.5万元/箱，展销部当月销售了60箱，取得含税销售额135.6万元，该电子烟厂当月应缴纳消费税是（　　）万元。（电子烟消费税税率为36%）

A. 18.00　　　　　B. 24.00　　　　　C. 28.00　　　　　D. 43.20

解析　以展销部销售电子烟的价格为计税依据，该电子烟厂当月应缴纳消费税 = 135.6/(1 + 13%) × 36% = 43.20万元。

【答案】 D

【多选题】2024年12月甲电子烟生产企业（持有商标A）将自产的A电子烟产品销售给烟草批发企业，取得不含增值税销售额为100万元。甲公司将上月生产的A电子烟产品委托经销商乙公司代销，合同约定，甲公司与乙公司不含税结算价80万元，乙公司销售给烟草批发企业不含税结算价90万元。将代加工的商标B电子烟产品（不持有商标B）销售给烟草批发企业，取得不含增值税销售额为50万元。烟草批发企业于当月将上述电子烟全部批发给零售商，取得不含税销售收入300万元。电子烟消费税税率生产环节36%，批发环节11%，以上交易均开具增值税专用发票，下列说法正确的有（　　）。

A. 甲公司当月应申报缴纳电子烟消费税68.4万元
B. 乙公司当月应申报缴纳电子烟消费税32.4万元
C. 乙公司当月应申报缴纳增值税1.3万元
D. 持有商标B电子烟产品公司当月应申报缴纳电子烟消费税18万元
E. 烟草公司当月应申报缴纳电子烟消费税6.6万元

解析　选项A，甲公司当月应申报缴纳电子烟消费税为（100 + 90）× 36% = 68.4万元。

选项B，生产环节，取得烟草专卖生产企业许可证，并取得或经许可使用他人电子烟产品注册商标（以下称持有商标）的企业是纳税人，即甲公司。生产环节纳税人采用代销方式销售电子烟，按照经销商（代理商）销售给电子烟批发企业的销售额（含收取的全部价款和价外费用）计算纳税。乙公司不缴消费税。

选项 C，代销双方均为增值税纳税人，乙公司当月应申报缴纳增值税为 90×13% - 80×13% = 1.3 万元。

选项 D，代加工方式生产电子烟，由持有商标的企业缴纳消费税，持有商标 B 电子烟产品公司当月应申报缴纳电子烟消费税 = 50×36% = 18 万元。

选项 E，烟草批发企业当月申报电子烟消费税 = 300×11% = 33 万元。电子烟批发环节征收消费税计税依据为电子烟的不含税销售额，不能扣除生产环节消费税。

【答案】 ACD

【多选题】 关于金银首饰零售环节征收消费税，下列说法正确的有（   ）。

A. 纳税人采用翻新改制方式销售的金银首饰，应按实际收取的不含税的全部价款确定计税依据
B. 金银首饰与其他产品组成成套消费品销售的，应区别应税和非应税消费品分别征税
C. 金银首饰连同包装物销售，能够分别核算的，包装物不并入销售额计征消费税
D. 单位用于馈赠的金银首饰，按纳税人销售同类金银首饰的销售价格确定计税依据纳税
E. 经营单位进口金银首饰无需缴纳进口环节消费税，出口金银首饰不退消费税

解析 选项 B，金银首饰与其他产品组成成套消费品销售的，应按销售额全额征收消费税。选项 C，金银首饰连同包装物销售的，无论包装物是否单独计价，也无论会计上如何核算，均应并入金银首饰的销售额，计征消费税。

【答案】 ADE

【单选题】 某金店为增值税一般纳税人，2024 年 5 月零售金银首饰取得含税销售额 51.48 万元，其中包括以旧换新销售金银首饰实际收取的含税销售额 3.51 万元（该批以旧换新销售的新金银首饰含税零售价为 8.19 万元），其中包括用已税和田玉生产的金镶嵌首饰 3.8 万元。本月随同金银首饰销售包装盒含税零售价 0.5 万元，修理金银首饰取得含税收入 2.34 万元；零售镀金首饰取得含税收入 7.02 万元。以上均分开核算，2023 年 5 月该金店此笔业务应纳消费税为（   ）万元。（金银首饰消费税税率5%）

A. 2.28   B. 2.40   C. 2.30   D. 2.57

解析 金银首饰以旧换新，以实际取得的不含税销售额作为计税依据。应纳消费税 =（51.48 + 0.5）/（1 + 13%）×5% = 2.30 万元。零售环节征税的金银首饰包括：金、银和金基、银基合金首饰，以及金、银和金基、银基合金的镶嵌首饰、铂金首饰、钻石和钻石饰品。用已税珠宝玉石生产的镶嵌首饰，在计税时一律不得扣除已纳的消费税税款。金银首饰连同包装物销售的，无论包装物是否单独计价，也无论会计上如何核算，均应并入金银首饰的销售额，计征消费税。修理、清洗金银首饰不征收消费税。镀金首饰不属于零售环节征收消费税的金银首饰范围，不在零售环节计征消费税。

【答案】 C

高频考点·应税消费品应纳税额的计算 ★★

【单选题】2024 年 3 月，某摩托车厂（一般纳税人）用含税总价 180 万元的自产摩托车（气缸容量 300ml）100 辆，换取一批原材料。该厂销售摩托车当期平均价格为 1.8 万元/辆，最高价格为 2 万元/辆。该厂上述业务应纳消费税（　　）万元。
A. 20　　　　　B. 18　　　　　C. 17.7　　　　　D. 15.93

解析　纳税人自产的应税消费品用于换取生产资料和消费资料、投资入股和抵偿债务等方面，应当按纳税人同类应税消费品的最高销售价格作为计税依据计算消费税。

该厂上述业务应纳消费税 = 100 × 2 / (1 + 13%) × 10% = 17.7 万元

【答案】C

【多选题】关于酒类产品消费税政策，下列说法正确的有（　　）。
A. 以自产黄酒生产调味料酒，于移送时纳税
B. 配制酒按照黄酒税率征收消费税
C. 饮食业利用啤酒生产设备生产啤酒并销售，不征收消费税
D. 外购已税葡萄酒连续生产葡萄酒在计算消费税时不得扣除已纳消费税税额
E. 以自产酒酿（酒度 1 度）生产酒酿汤圆，于移送时纳税

解析　选项 A，以黄酒生产的调味料酒不属于消费税征收范围。纳税人自产自用的应税消费品，用于连续生产应税消费品的，不纳税，用于其他方面的，于移送使用时纳税。选项 B，配制酒消费税适用税率按照以下规定执行：(1) 以蒸馏酒或食用酒精为酒基，同时符合以下条件的配制酒，按消费税税率表"其他酒" 10% 适用税率征收消费税：①具有国家相关部门批准的国食健字或卫食健字文号；②酒精度低于 38 度（含）。(2) 以发酵酒为酒基，酒精度低于 20 度（含）的配制酒，按"其他酒" 10% 适用税率征收消费税。(3) 其他配制酒，按白酒税率征收消费税。选项 C，对饮食业、商业、娱乐业举办的啤酒屋（啤酒坊）利用啤酒生产设备生产的啤酒，应当征收消费税。选项 D，纳税人从葡萄酒生产企业购进、进口葡萄酒连续生产应税葡萄酒的，准予从葡萄酒消费税应纳税额中扣除所耗用应税葡萄酒已纳消费税税款。选项 E，其他酒是指除粮食白酒、薯类白酒、黄酒、啤酒以外，酒度在 1 度以上的各种酒。其征收范围包括糠麸白酒、其他原料白酒、土甜酒、复制酒、果木酒、汽酒、药酒等。土甜酒是指用糯米、大米等为原料，经加温、糖化、发酵（通过酒曲发酵），采用压榨酿制的酒度不超过 12 度的酒。

【答案】AE

【单选题】关于委托加工应税消费品的税务处理，下列说法正确的是（　　）。
A. 受托方代收代缴消费税后，委托方收回已税消费品对外销售的，不再征收消费税
B. 纳税人委托个体工商户加工应税消费品，于委托方收回后在纳税人所在地缴纳消费税
C. 委托方提供原材料，但未提供材料成本的，由纳税人所在地主管税务机关核定其材料成本
D. 委托方提供原材料的成本是委托方购进材料时支付的全部价款和价外费用

解析 选项A，受托方代收代缴消费税后，委托方收回已税消费品以不高于受托方的计税价格出售的，不再征收消费税，但以高于受托方的计税价格出售的，则应按规定申报缴纳消费税，在计税时准予扣除受托方已代收代缴的消费税。选项C，委托加工应税消费品的纳税人，必须在委托加工合同上如实注明（或以其他方式提供）材料成本，凡未提供材料成本的，受托方主管税务机关有权核定其材料成本。选项D，根据《消费税暂行条例实施细则》的规定，材料成本是指委托方所提供加工材料的实际成本。

【答案】 B

【单选题】 某烟花厂受托加工一批烟花，委托方提供原材料成本30000元，该厂收取加工费10000元、代垫辅助材料款5000元，没有同类烟花销售价格。该厂应代收代缴消费税（　　）元。（以上款项均不含增值税，焰火的消费税税率为15%）

A. 6000.00　　　　B. 6750.00　　　　C. 7941.18　　　　D. 20250.00

解析 该厂应代收代缴消费税 =（30000 + 10000 + 5000）/（1 - 15%）×15% = 7941.18元

【答案】 C

【单选题】 2024年1月某化妆品厂将一批自产高档护肤类化妆品用于集体福利，生产成本35000元，将新研制的高档修饰类化妆品用于广告样品，生产成本20000元，上述货物已全部发出，均无同类产品售价。2024年1月该化妆品厂上述业务应纳消费税（　　）元。（高档化妆品消费税税率为15%，成本利润率为5%）

A. 12392.86　　　B. 10191.18　　　C. 15150.00　　　D. 20214.86

解析 将自产高档化妆品用于集体福利、广告样品，属于视同销售，要缴纳消费税，没有同类售价的，按组价计算。

应纳消费税 =（35000 + 20000）×（1 + 5%）/（1 - 15%）×15% = 10191.18元

【答案】 B

【单选题】 某酒厂（增值税一般纳税人），2024年2月将自产的白酒作为春节福利发放给员工，每位员工发放4瓶，每瓶500克，同类白酒含税出厂价1499元/瓶，该酒厂共计3.6万名员工。该酒厂上述业务应纳消费税（　　）万元。（白酒消费税税率20%，0.5元/500克）

A. 2490.50　　　　B. 622.62　　　　C. 3827.66　　　　D. 956.92

解析 从量部分 = 3.6 × 4 × 0.5 = 7.2万元

从价部分 = 3.6 × 4 × 1499 /（1 + 13%）× 20% = 3820.46万元

合计应纳消费税 = 3827.66万元

【答案】 C

【多选题】 某地板厂将自产的实木地板用于本单位的办公楼更新改造，成本价35万元，无同类售价，成本利润率为5%，实木地板消费税税率5%，下列说法正确的有（　　）。

A. 该业务无需缴纳消费税

B. 该业务无需缴纳增值税

C. 该业务需要缴纳消费税 1.93 万元

D. 该业务需要计算增值税销项税额 5.03 万元

E. 该业务对应的进项税额需要转出

【解析】 自产自用于在建工程的应税消费品需要缴纳消费税，无同类价按组价。

应纳消费税 = 35 × （1 + 5%）/ （1 - 5%）× 5% = 1.93 万元

自产自用于生产经营活动，增值税不视同销售，不计算销项税额，也不需要转出进项税额。

【答案】 BC

【多选题】 甲企业为增值税一般纳税人，2023 年 3 月外购成本 260 万元的素板，委托乙企业加工实木地板，支付加工费并取得增值税专用发票，注明金额 25 万元。假定乙企业无同类产品对外销售，甲企业收回全部实木地板后，销售其中的 70%，开具增值税专用发票，注明金额 350 万元，下列描述正确的有（　　）。（实木地板消费税税率为 5%）

A. 甲企业不需缴纳消费税　　　　　　B. 乙企业代收代缴消费税 16 万元

C. 甲企业缴纳消费税 7 万元　　　　　D. 甲企业缴纳消费税 2.5 万元

E. 乙企业代收代缴消费税 15 万元

【解析】 乙企业应代收代缴的消费税 =（260 + 25）/（1 - 5%）× 5% = 15 万元

甲企业销售 70% 的部分的组价 =（260 + 25）/（1 - 5%）× 70% = 210 万元

收回后的销售价是 350 万元，属于加价销售。所以甲企业应缴纳消费税 = 350 × 5% - 15 × 70% = 7 万元。

【答案】 CE

【单选题】 下列外购应税消费品已缴纳的消费税，准予从本企业应纳消费税税额中抵扣的是（　　）。

A. 用已税摩托车连续生产的摩托车　　B. 用已税白酒连续生产的白酒

C. 用已税珠宝玉石连续生产的金银镶嵌首饰　D. 用已税烟丝连续生产的卷烟

【解析】 外购已税消费品连续加工应税消费品，扣除范围是：（1）外购已税烟丝生产的卷烟；（2）外购已税高档化妆品生产的高档化妆品；（3）外购已税珠宝玉石生产的贵重首饰及珠宝玉石；（4）外购已税鞭炮、焰火生产的鞭炮、焰火；（5）外购已税汽油、柴油、石脑油、燃料油、润滑油为原料生产的应税成品油；（6）外购已税杆头、杆身和握把为原料生产的高尔夫球杆；（7）外购已税木制一次性筷子为原料生产的木制一次性筷子；（8）外购已税实木地板为原料生产的实木地板。（9）外购葡萄酒连续生产应税葡萄酒；（10）啤酒生产集团内部企业间用啤酒液连续灌装生产的啤酒。

【答案】 D

【单选题】 下列关于已纳消费税扣除，说法正确的是（　　）。

A. 以外购高度白酒连续生产低度白酒，可以按照当期生产领用数量计算准予扣除外购白酒已纳消费税

B. 葡萄酒生产企业购进葡萄酒连续生产应税葡萄酒的，准予从应纳消费税额中扣除所

耗用的应税葡萄酒已纳消费税税款，本期消费税应纳税额不足抵扣的，余额留待下期抵扣

C. 葡萄酒生产企业购进葡萄酒连续生产应税葡萄酒的，准予从应纳消费税额中扣除所耗用的应税葡萄酒已纳消费税税款，本期消费税应纳税款不足抵扣的，不得结转抵扣

D. 以外购高度白酒连续生产低度白酒，可以按照当期购进数量计算准予扣除外购白酒已纳消费税

解析 对外购、进口应税消费品和委托加工收回的应税消费品连续生产应税消费品销售的，计算征收消费税时，应按当期生产领用数量计算准予扣除的应税消费品已纳的消费税税款。选项AD，在"外购应税消费品已纳税款扣除范围"中不包括外购已税白酒生产白酒的情形。选项C，纳税人从葡萄酒生产企业购进、进口葡萄酒连续生产应税葡萄酒的，准予从葡萄酒消费税应纳税额中扣除所耗用应税葡萄酒已纳消费税税款，如本期消费税应纳税额不足抵扣的，余额留待下期抵扣。

【答案】 B

【单选题】 2024年3月某酒厂将开发的葡萄酒赠送给新客户，葡萄酒的成本为5万元，无同类售价，该酒厂当月计征消费税（　　）元。

A. 5555.56　　　　B. 5833.33　　　　C. 5251　　　　D. 4772.73

解析 组成计税价格＝（成本＋利润）／（1－消费税税率）＝（5＋5×5%）／（1－10%）＝5.83333万元

消费税＝5.8333×10%×10000＝5833.33元

【答案】 B

高频考点·已纳消费税扣除的计算 ★★

【单选题】 甲酒厂为增值税一般纳税人，2023年1月购进葡萄酒取得的增值税专用发票注明金额60万元，税额7.8万元。甲酒厂领用本月购进葡萄酒的80%用于连续生产葡萄酒，销售本月生产葡萄酒的60%取得不含税销售额56万元，甲酒厂上述业务应缴纳消费税（　　）万元。

A. 2.72　　　　B. 0.8　　　　C. 5.65　　　　D. 2

解析 甲酒厂当期应缴纳的消费税＝56×10%－60×10%×80%＝0.8万元

【答案】 B

【单选题】 2023年3月，某化工生产企业以委托加工收回的已税高档化妆品为原料继续加工高档化妆品。委托加工收回的已税高档化妆品已纳消费税分别是：期初库存的已纳消费税30万元，当期收回的已纳消费税10万元、期末库存的已纳消费税20万元。当月销售高档化妆品取得不含税收入280万元。该企业当月应纳消费税（　　）万元。（高档化妆品消费税税率15%）

A. 12　　　　B. 39　　　　C. 42　　　　D. 22

解析 委托加工收回高档化妆品为原料继续加工生产高档化妆品，可以扣除已纳的消费税。

可以扣除的消费税税额 = 期初库存已纳消费税 + 当期收回已纳消费税 – 期末库存已纳消费税 = 30 + 10 – 20 = 20 万元

该企业当月应纳消费税 = 280 × 15% – 20 = 22 万元

【答案】 D

【单选题】某卷烟厂为增值税一般纳税人，2023 年 3 月初库存外购烟丝不含税买价 3 万元。当月从一般纳税人处购进烟丝，取得增值税专用发票，注明金额为 10 万元。月末外购库存烟丝不含税买价 6 万元。本月将外购烟丝用于连续生产乙类卷烟，本月销售乙类卷烟 10 箱（标准箱），取得不含税销售额 12 万元。该卷烟厂本月应缴纳消费税（　　）万元。（烟丝消费税税率30%，乙类卷烟消费税税率为36%加 0.003 元/支）

A. 2.37　　　　B. 4.47　　　　C. 6.87　　　　D. 4.77

解析 将外购的烟丝用于连续生产卷烟，允许按生产领用数量计算准予扣除外购应税消费品已纳的消费税。

准予抵扣的消费税 = (3 + 10 – 6) × 30% = 2.1 万元

该卷烟厂应缴纳消费税 = 12 × 36% + 10 × 150/10000 – 2.1 = 2.37 万元

【答案】 A

高频考点·进出口环节应纳消费税的计算 ★★

【单选题】某进出口公司 2023 年 1 月从境外进口电子烟 5 万箱，支付买价 340 万元，境外发生的运输费用 15 万元和保险费用 5 万元，关税计税价格 360 万元，假定关税税率为 50%，该公司应缴纳消费税为（　　）万元。

A. 303.75　　　B. 308.44　　　C. 691.20　　　D. 694.09

解析 电子烟实行从价定率的办法计算纳税。生产（进口）环节的税率为 36%，组成计税价格 = (关税计税价格 + 关税) / (1 – 消费税比例税率) = (360 + 360 × 50%) / (1 – 36%) = 843.75 万元，该公司应缴纳消费税 = 843.75 × 36% = 303.75 万元。

【答案】 A

【单选题】根据消费税出口退（免）税的相关规定，下列说法正确的是（　　）。

A. 外贸企业委托外贸企业出口应税消费品不能申请退还消费税
B. 有出口经营权的生产企业自营出口自产应税消费品可办理退还消费税
C. 生产企业委托外贸企业代理出口自产应税消费品不予办理退还消费税
D. 除外贸企业外的其他商贸企业委托外贸企业出口应税消费品可申请退还消费税

解析 选项A，外贸企业委托外贸企业出口应税消费品，适用消费税出口免税并退税，所以可以申请退还消费税。选项B，有出口经营权的生产企业自营出口自产应税消费品，适用消费税出口免税不退税政策，不予办理退还消费税。选项D，除生产企业、外贸企业外的其他企业，具体是指一般商贸企业，这类企业委托外贸企业代理出口应税消费品一律不予退（免）消费税。

【答案】C

高频考点 · 征收管理 ★

【单选题】 下列单位属于消费税纳税义务人的是（　　）。
A. 烟酒零售商店　　　　　　　　B. 金银首饰零售商店
C. 跨境电子商务企业　　　　　　D. 高档手表零售商店

解析 金银首饰包括铂金首饰在零售环节缴纳消费税，所以金银首饰零售商店属于消费税纳税义务人；烟酒、高档手表不在零售环节缴纳消费税，所以烟酒零售商店、高档手表零售商店不属于消费税纳税义务人；购买跨境电子商务零售进口应征消费税商品的个人作为纳税义务人；电子商务企业、电子商务交易平台企业或物流企业作为代收代缴义务人（非纳税义务人）。

【答案】B

【单选题】 下列属于消费税征收范围的是（　　）。
A. 护发品　　　　B. 宝石坯　　　　C. 变压器油　　　　D. 调味料酒

解析 选项B，对宝石坯应按规定征收消费税。选项ACD，不属于消费税征税范围，不征收消费税。

【答案】B

【单选题】 关于消费税的征收环节，下列说法正确的是（　　）。
A. 烟酒在生产（进口）和批发环节征收　　B. 超豪华小汽车只在零售环节征收
C. 成品油在生产（进口）环节征收　　　　D. 贵重首饰及珠宝玉石在零售环节征收

解析 选项A，酒在生产（进口）环节征收消费税，在批发环节不征。选项B，超豪华小汽车在生产（进口）环节和零售环节征收消费税。选项D，金银首饰、铂金首饰和钻石及钻石饰品在零售环节征收消费税，其他贵重首饰和珠宝玉石在生产（进口）环节征收消费税。

【答案】C

【多选题】 下列商品中，在零售环节需要缴纳消费税的有（　　）。
A. 金银首饰　　　　　　　　B. 高档化妆品
C. 甲类卷烟　　　　　　　　D. 超豪华小汽车

解析 选项A，自1995年1月1日起，金银首饰消费税由生产销售环节征收改为零售环节征收。选项D，自2016年12月1日起，在生产（进口）环节按现行税率征收消费税基础上，超豪华小汽车在零售环节加征一道消费税。

【答案】AD

【单选题】纳税人进口应税消费品，其消费税纳税义务发生时间是（ ）。
A. 收到结算凭证当天
B. 报关进口的当天
C. 境外起运的当天
D. 支付货款的当天

解析 进口的应税消费品，消费税纳税义务发生时间为报关进口的当天。
【答案】B

【单选题】下列说法中，符合消费税纳税义务发生时间规定的是（ ）。
A. 采取分期收款结算方式的，为发出应税消费品的当天
B. 进口应税消费品的，为报关进口的当天
C. 委托加工应税消费品的，为支付加工费的当天
D. 采取预收货款结算方式的，为收到预收款的当天

解析 选项A，采取分期收款结算方式的，为书面合同约定的收款日期的当天。选项C，委托加工应税消费品的，为纳税人提货的当天。选项D，采取预收货款结算方式的，为发出应税消费品的当天。
【答案】B

【大题演练】

【综合题】位于市区的甲汽车生产企业为增值税一般纳税人，拥有网络预约出租汽车经营许可证，2024年2月生产经营业务如下：

（1）接受乙公司委托加工气缸容量2.0升的新型油电混合乘用车，乙公司从某供应商购进相关零部件，取得增值税专用发票注明金额1800万元，税额234万元，由某运输企业运往甲企业，支付运费取得增值税专用发票注明金额200万元，税额18万元。甲企业收取加工费价税合计565万元，本月加工完毕，甲企业已代收代缴消费税。乙公司收回委托加工的油电混合乘用车并销售80%，取得不含税销售额3200万元，10%用于对外投资。

（2）委托丙企业加工镍氢蓄电池，从供应方购进材料取得增值税专用发票注明金额500万元，税额65万元，支付加工费取得增值税专用发票注明金额70万元，税额9.1万元，本月收回后生产领用90%用于生产排气量1.5升油电混合乘用车。

（3）自产车辆销售表。

类型	排气量（升）	不含税单价（万元）	销售车辆数（辆）	不含税销售额（万元）
燃油乘用车	2.5	15	40000	600000
中轻型商用客车	—	140	600	84000
油电混合乘用车	1.5	12	15000	180000
纯电动车	—	6	80000	480000
小计	—	—	—	1344000

(4) 将 1 辆自产的中轻型商用客车用于企管部门,将 100 辆自产油电混合乘用车对外投资。将 100 辆纯电动车作为网约车,本月取得不含税运营收入 400 万元(选择一般计税方法计税)。

(5) 新研制一款排气量 1.0 升的低能耗全智能油电混合乘用车,本月生产 10 辆,其中 2 辆作为测试用车,8 辆用于汽博会作为展品(会后收回奖励给本企业研发人员),该车型生产成本为 15 万元/辆,成本利润率为 8%。

(6) 本月购进汽车零部件取得增值税专用发票税额合计 52000 万元。购进建筑材料取得增值税专用发票注明税额 40 万元,其中 80% 用于乘用车展厅装修,10% 用于职工食堂翻新改造。接受境外某企业提供的汽车设计服务,支付设计费价税合计 159 万元,已代扣代缴增值税并取得完税凭证。

(7) 本企业职工出差报销机票 12.8 万元,燃油费附加 0.28 万元,民航发展基金 0.2 万元;职工探亲报销公路客票,票面金额合计 6.18 万元。报销桥闸通行费,取得通行费发票注明金额 21 万元。

甲企业本月油电混合乘用车最高售价 15 万元/辆(不含税),平均售价 12 万元/辆(不含税),假设本月购进的货物、劳务、服务等支付的进项税额均在本月申报抵扣。

要求:根据上述资料,请回答下列问题。

1. 业务(1)乙公司应申报缴纳消费税( )万元。
A. 58.50　　　　　B. 61.58　　　　　C. 54.74　　　　　D. 68.42

解析　委托加工收回加价销售,需要缴纳消费税并扣除对应部分委托加工环节代收代缴的消费税。应申报缴纳消费税 = 3200×5% -(1800+200+565/1.13)/(1-5%)×5%×80% = 54.74 万元。纳税人自产的应税消费品用于换取生产资料和消费资料、投资入股和抵偿债务等方面,应当按纳税人同类应税消费品的最高销售价格作为计税依据计算消费税。针对委托加工的应税消费品收回后对外投资,不属于上述规定的情形,因此 10% 部分对外投资时,不需要缴纳消费税。

【答案】C

2. 业务(3)甲企业应缴纳消费税( )万元。
A. 63575.43　　　B. 59400　　　　C. 63600　　　　D. 72000

解析　应纳消费税 = 600000×9% + 84000×5% + 180000×3% = 63600 万元

【答案】C

3. 业务(4)甲企业应缴纳消费税( )万元。
A. 57　　　　　　B. 52　　　　　　C. 21　　　　　　D. 66

解析　应纳消费税 = 140×15% + 100×15×3% = 66 万元

【答案】D

4. 甲企业本月准予从销项税额中抵扣的进项税额为( )万元。
A. 52047.39　　　B. 52034.08　　　C. 52055.21　　　D. 52121.18

解析 本月准予从销项税额中抵扣的进项税额 = 65 + 9.1 + 52000 + 40 × 90% + 159/（1 + 6%）× 6% +（12.8 + 0.28）/（1 + 9%）× 9% + 21/（1 + 5%）× 5% = 52121.18 万元

外购服务用于职工个人福利，不得抵扣增值税进项税额。

【答案】D

5. 甲企业本月应缴纳增值税（ ）万元。
   A. 122950.84   B. 123050.79   C. 122891.04   D. 122872.84

解析 销项税额 = 565/（1 + 13%）× 13% + 1344000 × 13% + 100 × 12 × 13% + 400 × 9% + 15 ×（1 + 8%）/（1 − 1%）× 13% × 8 = 174994.02 万元

本月应缴纳增值税 = 174994.02 − 52121.18 = 122872.84 万元

【答案】D

6. 下列关于甲企业税务处理的表述，正确的有（ ）。
   A. 新研制的低能耗全智能油电混合乘用车，用于测试的 2 辆需要同时缴纳增值税和消费税
   B. 新研制的低能耗全智能油电混合乘用车用于汽博会作为展品，不需要缴纳增值税
   C. 新研制的低能耗全智能油电混合乘用车用于汽博会作为展品，不需要缴纳消费税
   D. 将 100 辆纯电动车作为网约车，消费税视同销售，应确认消费税税额为 45 万元
   E. 销售纯电动车，减半征收消费税

解析 选项 A，新研制的低能耗全智能油电混合乘用车，用于测试的 2 辆属于正常的生产环节，不缴纳增值税，不属于消费税视同销售的情形，也不缴纳消费税。选项 D，将 100 辆纯电动车作为网约车，不属于视同销售的情形，纯电动车不属于消费税征税范围，不缴纳消费税。选项 E，纯电动车不属于消费税的征税范围，不缴纳消费税。

【答案】BC

【计算题】某涂料生产公司甲为增值税一般纳税人，2024 年 7 月发生如下业务：

（1）5 日以直接收款方式销售涂料取得不含税销售额 350 万元，以预收货款方式销售涂料取得不含税销售额 200 万元，占本月已发出销售涂料的 80%。

（2）12 日赠送给某医院 20 桶涂料用于装修，将 100 桶涂料用于换取其他厂家的原材料，开具增值税普通发票。当月不含税平均销售价 500 元/桶，最高不含税销售价 540 元/桶。

（3）15 日委托某涂料厂乙加工涂料，双方约定由甲公司提供原材料，材料账面成本 80 万元，乙厂开具的增值税专用发票上注明加工费 10 万元（含代垫辅助材料费用 1 万元）、增值税 1.3 万元。乙厂无同类产品对外销售。

（4）28 日收回委托乙厂加工的涂料并于本月售出 80%，取得不含税销售额 85 万元。

（5）外购涂料取得增值税专用发票注明金额 500 万元，外购塑胶桶、标签等包装材料取得增值税专用发票注明金额 50 万元。将外购的此部分涂料分装后本月销售 40%，取得不含税销售收入 300 万元。

（其他相关资料：涂料消费税税率4%。）

要求：根据上述资料，请回答下列问题。

1. 当期甲公司增值税销项税额（   ）万元。
   A. 117.13   B. 7916.35   C. 118.45   D. 120.05

   解析 350×13%+200×80%×13%+120×500×13%/10000+85×13%+300×13%=117.13万元

   【答案】A

2. 当期甲公司应纳增值税税额（   ）万元。
   A. 44.33   B. 67.55   C. 44.85   D. 74.05

   解析 进项税额10×13%+550×13%=72.8万元
   应纳增值税税额=117.13-72.8=44.33万元

   【答案】A

3. 乙厂应代收代缴消费税（   ）万元。
   A. 0   B. 3.75   C. 3.6   D. 3.33

   解析 乙厂代收代缴的消费税=（80+10）/（1-4%）×4%=3.75万元

   【答案】B

4. 甲公司当期应纳消费税（   ）万元。
   A. 33.06   B. 20.66   C. 12.25   D. 38.6

   解析 甲公司应纳消费税=（350+200×80%）×4%+20×500×4%/10000+100×540×4%/10000+85×4%-3.75×80%+300×4%=33.06万元

   【答案】A

【综合分析题】甲卷烟厂为增值税一般纳税人，主要生产销售A牌卷烟，2023年1月发生如下经营业务：

（1）向农业生产者收购烟叶，实际支付价款360万元、另支付10%价外补贴，按规定缴纳了烟叶税，开具合法的农产品收购凭证。另支付运费，取得运输公司（一般纳税人）开具的增值税专用发票，注明运费5万元。

（2）将收购的烟叶全部运往位于县城的乙企业加工烟丝，取得增值税专用发票，注明加工费40万元、代垫辅料费10万元，本月收回全部委托加工的烟丝，乙企业已代收代缴相关税费。

（3）以委托加工收回的烟丝80%生产A牌卷烟1400箱。本月销售A牌卷烟给丙卷烟批发企业500箱，取得不含税收入1200万元，由于货款收回及时给予丙企业2%的折扣。

（4）将委托加工收回的烟丝剩余的20%对外出售，取得不含税收入150万元。

（5）购入客车1辆，用于接送职工上下班，取得机动车销售统一发票注明税额2.6万元；购进经营用的运输卡车1辆，取得机动车销售统一发票注明税额3.9万元。

已知：A 牌卷烟消费税比例税率 56%、定额税率 150 元/箱；烟丝消费税比例税率 30%；相关票据已在当月勾选抵扣或计算扣除进项税额。

要求：根据上述资料，请回答下列问题。

1. 业务（1）甲厂应缴纳烟叶税（　　）万元。
A. 36.00　　　　　B. 72.00　　　　　C. 79.20　　　　　D. 43.20

解析　业务（1）甲厂应缴纳烟叶税 = 360 ×（1 + 10%）× 20% = 79.2 万元。
【答案】 C

2. 业务（2）乙企业应代收代缴消费税（　　）万元。
A. 227.23　　　　B. 177.86　　　　C. 206.86　　　　D. 162.43

解析　一般纳税人将收购的烟叶生产加工成烟丝，可以按照 10% 来抵扣进项税额，则材料成本 = 360 ×（1 + 10%）×（1 + 20%）×（1 - 10%）+ 5 = 432.68 万元，业务（2）乙企业应代收代缴消费税 =（432.68 + 40 + 10）/（1 - 30%）× 30% = 206.86 万元。
【答案】 C

3. 业务（3）甲厂应纳消费税（　　）万元。
A. 666.06　　　　B. 679.50　　　　C. 500.57　　　　D. 514.01

解析　现金折扣是为了鼓励购货方及时偿还货款而给予的折扣优待，不得从销售额中减除。

业务（3）甲厂应纳消费税 = 1200 × 56% + 500 × 150/10000 - 206.86 × 80% = 514.01 万元
【答案】 D

4. 业务（4）甲厂应纳消费税（　　）万元。
A. 3.63　　　　　B. 9.43　　　　　C. 0　　　　　　D. 45.00

解析　将委托加工收回的烟丝加价销售，需要缴纳消费税，准予扣除委托加工环节已缴纳的消费税。

业务（4）甲厂应纳消费税 = 150 × 30% - 206.86 × 20% = 3.63 万元
【答案】 A

5. 业务（2）和业务（5）可以抵扣进项税额合计（　　）万元。
A. 10.40　　　　　B. 11.50　　　　　C. 8.90　　　　　D. 13.00

解析　购入客车用于接送职工上下班，属于购进固定资产专用于集体福利，进项税额不得抵扣。

业务（2）和业务（5）可以抵扣进项税额合计 =（40 + 10）× 13% + 3.9 = 10.40 万元
【答案】 A

(6) 甲厂本月应缴纳增值税（　　）万元。
A. 116.93　　　　B. 117.13　　　　C. 122.33　　　　D. 114.83

解析　甲厂本月应缴纳增值税 =（1200 + 150）× 13% - 360 ×（1 + 10%）×（1 + 20%）× 10% - 5 × 9% - 10.40 = 117.13 万元

【答案】B

【综合分析题】甲化妆品制造企业为增值税一般纳税人，2024 年 3 月生产经营情况如下：

（1）从农业生产者手中购入其自产农产品一批，取得销售发票注明金额为 30 万元，当月用于高档化妆品的生产。

（2）将上月购入的化工原料发往乙企业（一般纳税人）加工高档化妆品，原料采购成本为 3000 万元，取得乙企业开具增值税专用发票，注明加工费金额为 120 万元。乙企业无同类化妆品销售价格，乙企业按规定代收代缴了消费税。

（3）将委托乙企业加工的高档化妆品收回后，其中 5% 用于继续加工成套化妆品，94% 通过各直播带货平台（一般纳税人）销售，不含税销售额为 6000 万元，1% 作为带货主播直播时的试用样品。

（4）支付直播带货坑位费，取得增值税专用发票上注明金额 80 万元。支付销售提成，取得增值税专用发票上注明金额 100 万元。

（5）采用分期收款方式销售自产高档化妆品，不含税销售额为 9000 万元。合同约定本期收取货款总额的 1/3。

（6）购进乘用车 10 辆用于经营管理（其中 2 辆为新能源乘用车），取得机动车销售统一发票注明金额 20 万元/辆。购进中型商用客车 5 辆，取得机动车销售统一发票注明金额 40 万元/辆，其中 3 辆作为员工班车。

（7）租用一处写字楼，其中 40% 用作员工餐厅，支付半年租金（不含税）180 万元，取得增值税专用发票注明的税率为 9%。

已知：该企业取得的相关票据符合规定，并于当月勾选抵扣进项税额。委托加工高档化妆品期初、期末库存均为零。

要求：根据上述资料，回答下列问题。

1. 乙企业应代收代缴消费税（　　）万元。
A. 468　　　　B. 520　　　　C. 12.18　　　　D. 550.59

解析　乙企业应代收代缴消费税 =（3000 + 120）/（1 - 15%）× 15% = 550.59 万元

【答案】D

2. 甲企业当月可抵扣的进项税额（　　）万元。
A. 76　　　　B. 82　　　　C. 66.90　　　　D. 71.70

解析　甲企业当月可抵扣的进项税额 =（1）30 × 10% +（2）120 × 13% +（4）80 × 6% +（4）100 × 6% +（6）20 × 10 × 13% +（6）40 × 2 × 13% +（7）180 × 9% = 82 万元

【答案】B

3. 甲企业当月应缴纳增值税（　　）万元。
A. 1878.3　　　　B. 1868　　　　C. 1088　　　　D. 1096.3

解析　甲企业当月应纳增值税 =（3）6000/94% ×（94% + 1%）× 13% +（5）9000 × 13% × 1/3 - 进项税额 82 = 1096.3 万元。

【答案】 D

4. 甲企业当月自行申报缴纳消费税（　　）万元。
A. 836.51　　　　B. 832.45　　　　C. 799.41　　　　D. 804.92

解析　带货主播直播时的试用样品，委托加工环节已经缴纳了消费税，后续不再申报缴纳消费税。

自行申报缴纳的消费税 =（3）6000 × 15% - 550.59 ×（领用 5% + 加价销售 94%）+（5）9000 × 15% × 1/3 = 804.92 万元。

【答案】 D

5. 甲企业当月应缴纳车辆购置税（　　）万元。
A. 32　　　　B. 24　　　　C. 36　　　　D. 40

解析　当月应缴纳车辆购置税 = 10 × 20 × 10% - 新能源限额内可免 2 × 2 + 5 × 40 × 10% = 36 万元。

【答案】 C

6. 关于上述业务的税务处理，下列说法正确的有（　　）。
A. 乙企业代收代缴消费税时，可以按甲企业销售化妆品的售价计算
B. 甲企业购进的新能源乘用车及用于员工班车的乘用车，免缴车辆购置税
C. 带货主播直播时试用的化妆品样品，需要缴纳增值税，无需缴纳消费税
D. 甲企业租用写字楼用于员工餐厅，对应的进项税额不可抵扣
E. 甲企业购进农产品可以凭销售发票计算抵扣增值税额

解析　选项 A，乙企业代收代缴消费税时，没有同类消费品销售价格的，按组成计税价格计税。选项 B，购进用于员工班车的乘用车，需要按照规定缴纳车辆购置税。选项 D，纳税人租入固定资产既用于一般计税方法计税项目，又用于简易计税方法计税项目、免征增值税项目、集体福利或个人消费的，其进项税额准予从销项税额中全额抵扣。

【答案】 CE

【综合分析题】 某汽车制造企业为增值税一般纳税人，主要生产乘用车。2024 年 3 月，生产经营情况如下：

（1）购进汽车零配件支付不含税货款 3000 万元，支付设计服务费不含税金额为 200 万元，支付车站服务费不含税金额为 1.89 万元。上述业务均取得一般纳税人开具的增值税专用发票。

（2）支付贷款利息 20 万元，取得一般纳税人开具的增值税普通发票。

(3) 采取预收款方式销售自产 A 型乘用车 500 辆,其中 480 辆已于本月发货。每辆 A 型乘用车不含税售价为 12 万元/辆。

(4) 将自产 B 型乘用车其中 15 辆发放给企业优秀员工,5 辆留作企业管理部门自用。于当月办理完毕车辆登记手续。B 型乘用车当期无同类产品市场对外售价,生产成本为 8 万元/辆。

(5) 进口两辆 C 型乘用车自用。关税计税价格合计 150 万元,关税税率 10%,取得海关签发的增值税专用缴款书和消费税专用缴款书。

已知:该企业取得相关票据均符合规定,并于当月勾选抵扣进项税额。A 型乘用车消费税税率为 5%,B 型乘用车消费税税率为 9%、成本利润率为 8%,C 型乘用车消费税税率为 40%。

要求:根据以上资料,回答下列问题。

1. 进口环节应纳消费税( )万元。
   A. 110.00   B. 137.50   C. 66.00   D. 60.00

   解析 进口环节应纳消费税 = 150 × (1 + 10%) / (1 - 40%) × 40% = 110 万元。
   【答案】A

2. 该企业当月准予从销项税额中抵扣的进项税额( )万元。
   A. 402.11   B. 403.25   C. 437.86   D. 439.00

   解析 业务(1)可以抵扣的进项税额 = 3000 × 13% + 200 × 6% + 1.89 × 6% = 402.11 万元
   业务(5)进口环节允许抵扣的进项税额 = 150 × (1 + 10%) / (1 - 40%) × 13% = 35.75 万元
   合计 = 402.11 + 35.75 = 437.86 万元
   【答案】C

3. 该企业当月应纳增值税( )万元。(不含进口环节增值税)
   A. 748.8   B. 654.52   C. 329.45   D. 254.65

   解析 业务(3)销项税额 = 480 × 12 × 13% = 748.8 万元
   业务(4)奖励员工视同销售增值税销项税额 = 15 × 8 × (1 + 8%) / (1 - 9%) × 13% = 18.51 万元
   应纳增值税 = 748.8 + 18.51 - 437.86 = 329.45 万元
   【答案】C

4. 该企业当月应纳消费税( )万元。(不含进口环节消费税)
   A. 288   B. 296.52   C. 305.09   D. 356.12

   解析 业务(3)应纳消费税 = 480 × 12 × 5% = 288 万元
   业务(4)奖励员工视同销售应纳消费税 = 15 × 8 × (1 + 8%) / (1 - 9%) × 9% = 12.82 万元

管理部门自用视同销售应纳消费税 = 5×8×（1+8%）/（1-9%）×9% = 4.27 万元
合计 = 288 + 12.82 + 4.27 = 305.09 万元

【答案】C

5. 该企业当月应纳车辆购置税（　　）万元。
A. 37.75　　　　B. 46.49　　　　C. 51.99　　　　D. 32.25

解析 应纳车辆购置税 = 5×8×（1+8%）/（1-9%）×10% + 150×（1+10%）/（1-40%）×10% = 32.25 万元

【答案】D

6. 关于该企业上述业务的税务处理，下列说法正确的有（　　）。
A. 企业管理部门自用的车辆应缴纳车辆购置税
B. 贷款利息可以凭普通发票申报抵扣进项税额
C. 奖励给优秀员工的车辆应缴纳车辆购置税，由企业代扣代缴
D. 奖励给优秀员工的车辆应缴纳增值税和消费税
E. 企业管理部门自用的车辆要缴纳消费税，无需缴纳增值税

解析 选项B，贷款利息不得抵扣进项税。选项C，奖励员工的车辆，应由员工自行缴纳车辆购置税。

【答案】ADE

第四章 城市维护建设税

■ 考情分析

1. 重要程度：本章节属于本书非重要章节，分值在 2~5 分之间。
2. 考查题型：结合近 5 年经典题，通常以增值税和消费税相结合进行考查。

■ 考点分布

第四章 城市维护建设税
- 城市维护建设税概述 ★
- 城市维护建设税的计算 ★★
- 税收优惠 ★★
- 征收管理 ★

高频考点 · 城市维护建设税概述 ★

【单选题】根据城市维护建设税的规定，下列说法正确的是（　　）。
A. 自 2010 年 12 月 1 日起，外商投资企业应依法缴纳城市维护建设税
B. 进口环节增值税纳税人同时也是城市维护建设税纳税人
C. 城市维护建设税实行行业差别税率
D. 城市维护建设税的计税依据是纳税人依法实际缴纳的增值税、消费税，以及滞纳金和罚款

解析　选项 B，对进口货物或者境外单位和个人向境内销售劳务、服务、无形资产缴纳的增值税、消费税税额，不征收城市维护建设税。选项 C，城市维护建设税实行地区差别比例税率。选项 D，城市维护建设税的计税依据是纳税人依法实际缴纳的增值税、消费税，不包括加收的滞纳金和罚款。

【答案】A

高频考点 · 城市维护建设税的计算 ★★

【单选题】下列属于城市维护建设税计税依据的是（　　）。
A. 进口环节缴纳的消费税
B. 出口环节退还的增值税
C. 向税务机关实际缴纳的土地增值税
D. 向税务机关实际缴纳的增值税

103

解析 选项 AB，城市维护建设税进口不征、出口不退，因此进口环节缴纳的增值税、消费税不是城市维护建设税的计税依据。选项 C，土地增值税不是城市维护建设税的计税依据。

【答案】D

【单选题】2023 年 10 月，某市区卷烟厂委托某县城卷烟厂（一般纳税人）加工一批雪茄烟，委托方提供原材料成本 40000 元，支付加工费 5000 元（不含增值税），雪茄烟消费税税率为 36%，受托方同类产品不含税市场价格为 80000 元。受托方代收代缴的城市维护建设税为（　　）元。

　　A. 3543　　　　　B. 2531　　　　　C. 2016　　　　　D. 1440

解析 委托加工的应税消费品，按照受托方的同类消费品的销售价格计算纳税，没有同类消费品销售价格的，按照组成计税价格计算纳税。由受托方代收代缴消费税的单位，其代收代缴的城市维护建设税按照受托方所在地适用税率执行。

代收代缴的城市维护建设税 = 80000 × 36% × 5% = 1440 元

【答案】D

【单选题】关于城市维护建设税政策，下列说法正确的是（　　）。
A. 代扣代缴增值税同时代扣代缴城市维护建设税
B. 预缴增值税同时缴纳城市维护建设税
C. 进出口货物缴纳增值税同时缴纳城市维护建设税
D. 出口商品退还增值税同时退还城市维护建设税

解析 选项 A，采用委托代征、代扣代缴、代收代缴、预缴、补缴等方式缴纳"增值税、消费税"的，应当同时缴纳城市维护建设税。代扣代缴，不含境外单位和个人向境内销售劳务、服务、无形资产代扣代缴增值税的情形。

选项 CD，城市维护建设税进口不征，出口不退。

【答案】B

【单选题】某市区甲企业为增值税一般纳税人，当期销售货物应纳增值税 20 万元，消费税 15 万元，进口货物缴纳进口环节增值税 2 万元，该企业当期应缴纳城市维护建设税（　　）万元。

　　A. 2.45　　　　　B. 2.59　　　　　C. 1.75　　　　　D. 2.31

解析 城市维护建设税进口不征、出口不退，所以进口环节的 2 万元增值税不缴纳城市维护建设税。

该企业当期应缴纳的城市维护建设税 =（20 + 15）× 7% = 2.45 万元

【答案】A

> **高频考点** · 税收优惠 ★★

【多选题】下列关于城市维护建设税的说法,正确的有(　　)。
A. 对实行增值税期末留抵退税的纳税人,其退还的增值税期末留抵税额,不计入城市维护建设税的计税依据
B. 自2023年1月1日至2027年12月31日,对增值税小规模纳税人免征城市维护建设税
C. 对黄金交易所会员单位通过黄金交易所销售且发生实物交割的标准黄金,免征城市维护建设税
D. 流动经营的单位和个人,按照缴纳增值税和消费税所在地的规定税率就地缴纳城市维护建设税
E. 代扣代缴境外单位向境内企业销售货物,无需缴纳城市维护建设税

解析 选项B,自2023年1月1日至2027年12月31日,对增值税小规模纳税人、小型微利企业和个体工商户减半征收城市维护建设税。

【答案】ACDE

【多选题】下列有关城市维护建设税的说法,正确的有(　　)。
A. 某外商投资企业已缴纳增值税,但不需要缴纳城市维护建设税
B. 城市维护建设税征税范围具体包括城市市区、县城、建制镇,以及税法规定征收增值税、消费税的其他地区
C. 对进口货物或者境外单位和个人向境内销售劳务、服务、无形资产缴纳的增值税、消费税税额,不征收城市维护建设税
D. 对由于减免增值税、消费税而发生的退税,同时退还已缴纳的城市维护建设税
E. 退役士兵限额减免优惠政策中,城市维护建设税、教育费附加、地方教育附加的计税依据是享受该优惠政策后的增值税应纳税额

解析 选项A,在中华人民共和国境内缴纳增值税、消费税的单位和个人,为城市维护建设税的纳税人。自2010年12月1日起,对外商投资企业、外国企业及外籍个人征收城市维护建设税。

选项E,退役士兵限额减免优惠政策中,城市维护建设税、教育费附加、地方教育附加的计税依据是享受该优惠政策前的增值税应纳税额。

【答案】BCD

【多选题】下列关于城市维护建设税的说法,正确的有(　　)。
A. 进口货物缴纳增值税,但不缴纳城市维护建设税
B. 出口货物退还增值税,同时退还城市维护建设税
C. 自2023年1月1日至2027年12月31日,自主就业退役士兵从事个体经营的,自办理个体工商户登记当月起,在3年内按每户每年20000元为限额,依次扣减其当年实际应缴纳的增值税、城市维护建设税、教育费附加、地方教育附加和个人所得税

D. 自2023年1月1日至2027年12月31日，由省、自治区、直辖市人民政府根据本地区实际情况，对小型微利企业可以在30%的税额幅度内减征城市维护建设税

E. 对增值税实行先征后退的，对附征的城市维护建设税，应当退还

解析 选项B，城市维护建设税进口不征，出口不退。选项D，自2023年1月1日至2027年12月31日，对增值税小规模纳税人、小型微利企业和个体工商户减半征收城市维护建设税。选项E，对增值税、消费税实行先征后退、先征后返、即征即退办法的，除另有规定外，对随"两税"附征的城市维护建设税，一律不予退（返）还。

【答案】 AC

【单选题】 下列关于教育费附加减免的说法，正确的是（　　）。

A. 对进口的产品征收增值税的同时征收教育费附加

B. 教育费附加计征比率为2%

C. 现阶段，按季纳税的季销售额或营业额不超过10万元的缴纳义务人，免征教育费附加、地方教育附加。

D. 对国家重大水利工程建设基金免征教育费附加

解析 选项A，城市维护建设税及其附加是进口不征，出口不退的。选项B，教育费附加计征比率3%，地方教育附加计征比率2%。选项C，自2016年2月1日起，按月纳税的月销售额或营业额不超过10万元的缴纳义务人，免征教育费附加、地方教育附加。

【答案】 D

高频考点·征收管理★

【多选题】 关于城市维护建设税征收管理，下列说法正确的有（　　）。

A. 计税依据包括增值税免抵税额

B. 境外单位向境内销售服务代扣代缴增值税的同时代扣代缴城市维护建设税

C. 纳税期限比照增值税、消费税的相关规定执行

D. 纳税义务发生时间比照增值税、消费税等相关规定执行

E. 跨地区提供建筑服务在建筑服务发生地无需缴纳城市维护建设税

解析 选项B，境外单位向境内销售服务代扣代缴增值税的，不征收城市维护建设税。选项E，跨地区提供建筑服务在建筑服务发生地缴纳城市维护建设税。

【答案】 ACD

第五章 土地增值税

■ 考情分析

1. 重要程度：本章节属于本书次重要章节，分值在 10~20 分之间。
2. 考查题型：结合近 5 年经典题，通常以单选题、多选题、计算分析题的形式进行考查。

■ 考点分布

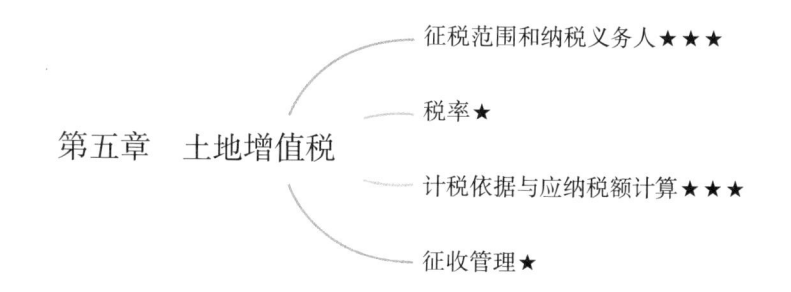

第五章 土地增值税
— 征税范围和纳税义务人 ★★★
— 税率 ★
— 计税依据与应纳税额计算 ★★★
— 征收管理 ★

高频考点 · 征税范围和纳税义务人 ★★★

【单选题】下列行为属于土地增值税征税范围的是（　　）。
A. 转让集体所有土地使用权
B. 事业单位出租闲置房产
C. 国有土地出让
D. 企业以房地产抵债

解析　企业以房地产抵债，发生房地产产权转让，属于土地增值税的征税范围。选项 A，土地增值税仅对转让国有土地使用权征税，对转让集体土地使用权不征税。国家为了公共利益，可以依照法律规定对集体土地实行征用，依法被征用后的土地属于国家所有。未经国家征用的集体土地不得转让，也不属于土地增值税的征税范围。选项 B，出租房产，没有发生房地产产权的转让，不属于土地增值税的征税范围。选项 C，国有土地使用权出让，是指国家以土地所有者的身份将土地使用权在一定年限内让与土地使用者，并由土地使用者向国家支付土地出让金的行为。土地使用权出让方是国家，出让收入在性质上属于政府凭借所有权在土地一级市场收取的租金，所以政府出让土地的行为及取得的收入不属于土地增值税征税范围。

【答案】D

【单选题】下列业务暂免征收土地增值税的是（　　）。
A. 高新技术企业将房产赠予科研机构用于建立科研实验室
B. 将房产赠予关联企业

C. 房地产开发公司将开发产品用于抵债的
D. 合作建房建成后分房自用的

解析 选项AB，需要缴纳土地增值税，没有暂免征收土地增值税的规定。选项C，应视同销售房地产计算缴纳土地增值税。

【答案】 D

【多选题】 房地产公司将开发产品用于下列用途，属于土地增值税视同销售的有（　　）。
A. 安置回迁　　　　B. 对外出租　　　　C. 奖励职工
D. 利润分配　　　　E. 对外投资

解析 选项B，对外出租，所有权未发生转移，无需视同销售。

【答案】 ACDE

拓展　土地增值税视同销售的情形

(1) 房地产企业用于建造的本项目房地产安置回迁户的，安置用房视同销售处理，同时确认房地产开发项目的拆迁补偿费。

(2) 房地产开发企业将开发产品用于职工福利、奖励、对外投资、分配给股东或投资人、抵偿债务、换取其他单位和个人的非货币性资产等，发生所有权转移时应视同销售房地产。

土地增值税征税范围

纳税义务人		转让房地产并取得收入的单位和个人	
征税范围	一般征收规定	转让（出让不征）国有（集体所有不征）土地使用权、地上建筑物及其附着物并取得收入	
	赠予	赠予直系亲属或承担直接赡养义务人、公益性赠予不征	
	继承	不征	
	房地产交换	个人互换居住房，经核实，免	企业互换，征
	合作建房	建成后自用，暂免	建成后转让，征
	出租	不征	
	抵押	抵押期间，不征	抵押期满且发生权属转移，征
	代建	不征	
	评估增值	不征	

高频考点·税率 ★

【单选题】 土地增值税采用的税率形式是（　　）。
A. 五级超额累进税率　　　　B. 定额税率
C. 四级超率累进税率　　　　D. 七级超额累进税率

解析 土地增值税采用的是四级超率累进税率。

级数	增值额与扣除项目金额的比率	税率（%）	速算扣除系数（%）
1	不超过50%的部分	30	0
2	超过50%～100%的部分	40	5
3	超过100%～200%的部分	50	15
4	超过200%的部分	60	35

【答案】C

高频考点 计税依据与应纳税额计算 ★★★

【单选题】某房地产开发公司为增值税一般纳税人，2024年5月1日转让A项目房产，取得含税收入50000万元，已达土地增值税清算条件，A项目开发土地属于2015年该公司受让的土地之一，已支付土地价款15000万元，A项目属于营改增前开工建设的项目，该房地产公司选择"简易征收"方式缴纳增值税，已知当地契税税率为3%，该公司在土地增值税清算时应确认收入（　　）万元。

A. 46190.48　　　　B. 47619.05　　　　C. 50000　　　　D. 45045.05

解析 营改增后，纳税人转让房地产的土地增值税应税收入不含增值税。
应确认收入＝50000/（1＋5%）＝47619.05万元

【答案】B

【单选题】2023年11月，某房地产开发公司销售自行开发的房地产30000平方米，取得不含税销售额60000万元。将5000平方米用于抵顶供应商等值的建筑材料，将1000平方米对外出租，取得不含税租金56万元。该房地产开发公司在计算土地增值税时的应税收入为（　　）万元。

A. 70056.00　　　　B. 70000.00　　　　C. 60000.00　　　　D. 60056.00

解析 将1000平方米对外出租，所有权未发生转移，不征收土地增值税。
土地增值税的应税收入＝（60000/30000）×（30000＋5000）＝70000万元

【答案】B

【单选题】下列关于房地产开发企业土地增值税清算的扣除，正确的是（　　）。

A. 拆迁补偿费不允许扣除
B. 逾期开发土地闲置费允许分期扣除
C. 预提费用可以扣除
D. 扣留建筑安装施工企业的质保金，有发票可以扣除

解析 选项 A，拆迁补偿费允许作为开发成本扣除。选项 BC，不得在土地增值税清算中扣除。

【答案】D

【多选题】土地增值税清算时，允许从转让收入总额中据实扣除的有（　　）。

A. 开发间接费用
B. 房地产开发费用
C. 前期工程费
D. 售房时代收费用
E. 支付给回迁户补差价款

解析 选项 B，房地产开发费用按符合扣除条件的利息金额，及取得土地使用权所支付的金额和房地产开发成本的一定比例扣除，而非据实扣除。选项 D，代收费用根据是否计入房价中一并收取或单独收取，处理方法不同。对于县级及县级以上人民政府要求房地产开发企业在售房时代收的各项费用，如果代收费用是计入房价中向购买方一并收取的，可作为转让房地产所取得的收入计税。如果代收费用未计入房价中，而是在房价之外单独收取的，可以不作为转让房地产的收入。

【答案】ACE

【单选题】关于计算土地增值税的收入额，下列说法正确的是（　　）。

A. 对于以分期收款方式取得的外币收入，应按照实际收款日或收款当月 1 日国家公布的市场汇价折合成人民币确定收入
B. 房地产开发企业在售房时代收的各项费用，应作为转让房地产收入
C. 对取得的实物收入按照取得收入时的成本价折算成货币收入
D. 取得的收入为外国货币的，应按照取得收入的当天或当月月末最后一天国家公布的市场汇价折合成人民币确定收入

解析 选项 B，对于县级及县级以上人民政府要求房地产开发企业在售房时代收的各项费用，如果代收费用是计入房价中向购买方一并收取的，可作为转让房地产所取得的收入计税。如果代收费用未计入房价中，而是在房价之外单独收取的，可以不作为转让房地产的收入。选项 C，对取得的实物收入，要按取得收入时的市场价格折算成货币收入。选项 D，取得的收入为外国货币的，应当以取得收入当天或当月 1 日国家公布的市场汇价折合成人民币，据以计算土地增值税税额。

【答案】A

【单选题】2023 年 12 月某企业转让商铺，已知转让税金合计 6.17 万元，无法取得评估价。该商铺于 2015 年 1 月购入，购进时取得购房发票，注明金额 800 万元。契税完税凭证注明契税 24 万元。该企业计算土地增值税时允许扣除项目金额是（　　）万元。

A. 1150.17 B. 1190.17 C. 830.17 D. 1183.77

解析 不能取得评估价格，但能提供购房发票的，可按发票所载金额从购买年度起至转让年度止每年加计 5% 计算扣除。

发票价每年加计 5% = 发票价 ×（1 + 5% × 年数）

购房发票所载日期起至售房发票开具之日止,每满 12 个月计一年;超过一年,未满 12 个月但超过 6 个月的,可视为一年。

该企业计算土地增值税时允许扣除项目金额 = 800 × (1 + 9 × 5%) + 6.17 + 24 = 1190.17 万元

【答案】B

【单选题】转让新建房计算土地增值税时,可以作为与转让房地产有关的税金扣除的是( )。

A. 契税
B. 城镇土地使用税
C. 城市维护建设税
D. 允许抵扣销项税额的增值税进项税额

【解析】 转让新建房计算土地增值税时,城市维护建设税可以作为与转让房地产有关的税金扣除。

【答案】C

【单选题】关于土地增值税扣除项目,下列说法正确的是( )。

A. 房地产开发过程中实际发生的合理的销售费用可以扣除
B. 超过贷款期限的利息,不超过银行同类同期贷款利率水平计算的部分允许扣除
C. 为取得土地使用权所支付的价款和已纳契税,应计入取得土地使用权所支付的金额,按照已销售部分分摊确定可以扣除土地成本的金额
D. 土地增值税清算时,已经计入房地产开发成本的耕地占用税应调整至土地成本中计算扣除

【解析】 选项 A,房地产开发过程中实际发生的销售费用不是据实扣除,而是根据公式计算扣除。选项 B,对于超过贷款期限的利息部分不允许扣除。选项 D,房地产开发成本包含耕地占用税,不需要调整。

【答案】C

【多选题】关于房地产开发企业开发建造的与清算项目配套的公共配套设施计算土地增值税扣除成本费用的处理中,下列说法正确的有( )。

A. 建成后无偿移交给政府、公用事业单位用于非营利性社会公共事业的,其成本、费用可以扣除
B. 建成后产权属于房地产开发企业所有的,其成本、费用可以扣除
C. 建成后产权属于全体业主所有的,其成本、费用可以扣除
D. 建成后无偿转让给另一企业的,其成本、费用可以扣除
E. 建成后有偿转让的,其成本、费用可以扣除

【解析】 房地产开发企业开发建造的与清算项目配套的居委会和派出所用房、会所、停车场(库)、物业管理场所、变电站、热力站、水厂、文体场馆、学校、幼儿园、托儿所、医院、邮电通信等公共设施,按以下原则处理:

(1)建成后产权属于全体业主所有的,其成本、费用可以扣除。

（2）建成后无偿移交给政府、公用事业单位用于非营利性社会公共事业的，其成本、费用可以扣除。

（3）建成后有偿转让的，应计算收入，并准予扣除成本、费用。

选项 D，建成后无偿转让给另一企业的，属于视同销售情形，确认视同销售收入同时可以扣除与之相关的成本费用。

【答案】ACDE

【多选题】根据土地增值税相关规定，下列支出项目应计入房地产开发成本作为扣除项目的有（   ）。

A. 耕地占用税
B. 基础设施费
C. 建筑安装工程费
D. 开发间接费用
E. 契税

🔍 **解析** 房地产开发成本包括土地征用及拆迁补偿费、前期工程费、建筑安装工程费、基础设施费、公共配套设施费、开发间接费用。房地产开发成本土地征用及拆迁补偿费，包括土地征用费、耕地占用税、劳动力安置费及有关地上、地下附着物拆迁补偿的净支出、安置动迁用房支出等。

【答案】ABCD

【多选题】关于房地产开发企业土地增值税清算，下列说法正确的有（   ）。

A. 应将利息支出从房地产开发成本中调整至房地产开发费用中进行扣除
B. 发生的未实际支付款项的成本费用应列入房地产开发成本中进行扣除
C. 销售已装修的房屋，其装修费用可以计入房地产开发成本中进行扣除
D. 逾期开发缴纳的土地闲置费不得扣除
E. 销售费用和管理费用按实际发生额扣除

🔍 **解析** 选项 B，房地产开发企业的预提费用，除另有规定外，不得扣除，清算时未实际支付的成本费用，不得在土地增值税清算中列入房地产开发成本进行扣除。选项 E，销售费用和管理费用不按实际发生额扣除，在计算土地增值税时，房地产开发费用按规定标准计算扣除。

【答案】ACD

【单选题】2023 年 10 月，张某将 2022 年 12 月购入的商铺转让，取得不含税收入 600 万元，张某持有购房增值税普票注明金额 350 万元，税额 17.5 万元，无法取得商铺评估价格。张某计算缴纳土地增值税时，可以扣除旧房金额以及加计扣除共计（   ）万元。

A. 350.00　　　　B. 367.50　　　　C. 385.88　　　　D. 404.25

🔍 **解析** 营改增后，纳税人转让旧房及建筑物，凡不能取得评估价格，但能提供购房发票的，扣除项目的金额按照下列方法计算：提供的购房凭据为营改增后取得的增值税普通发票的，按照发票所载价税合计金额从购买年度起至转让年度止每年加计 5% 计算。计算扣除项目时"每年"是指按购房发票所载日期起至售房发票开具之日止，每满 12 个月计一年。本

题中 2022 年 12 月—2023 年 10 月，未满 12 个月，不能加计扣除。

可以扣除旧房金额以及加计扣除 = 350 + 17.5 = 367.5 万元

【答案】B

【单选题】某房地产开发公司开发一住宅项目，取得该土地使用权所支付的金额 3000 万元，房地产开发成本 4000 万元，利息支出 500 万元（能提供金融机构贷款证明），所在省人民政府规定，能提供金融机构贷款证明的，其他房地产开发费用扣除比例为 4%，该公司计算土地增值税时允许扣除的开发费用为（　　）万元。

A. 700　　　　　B. 780　　　　　C. 500　　　　　D. 850

解析　税法规定，纳税人能够按转让房地产项目计算分摊利息支出，并能提供金融机构的贷款证明的，其允许扣除的房地产开发费用为：利息 +（取得土地使用权所支付的金额 + 房地产开发成本）×5% 以内。

允许扣除的开发费用 = 500 +（3000 + 4000）× 4% = 780 万元

【答案】B

【单选题】某市房地产开发公司整体出售了其新建的商品房，取得不含增值税收入 20000 万元，与商品房相关的土地使用权支付额和开发成本共计 10000 万元。该公司没有按房地产项目计算分摊银行借款利息，该项目所在省政府规定计征土地增值税时房地产开发费用扣除比例按国家规定允许的最高比例执行，计算土地增值税时准予扣除的税金为 100 万元。该商品房项目应缴纳土地增值税为（　　）万元。

A. 1500　　　　　B. 2760　　　　　C. 2595　　　　　D. 2105

解析　房地产开发费用按地价款和房地产开发成本金额之和的 10% 以内计算扣除，应扣除的房地产开发费用为 10000 × 10% = 1000 万元。其他扣除项目是指按取得土地使用权支付的金额和房地产开发成本的 20% 计算的加计扣除费用，其他扣除项目 = 10000 × 20% = 2000 万元，则应扣除项目金额 = 10000 + 1000 + 2000 + 100 = 13100 万元。增值额 = 20000 - 13100 = 6900 万元，增值率 = 6900/13100 × 100% = 52.67%，应纳的土地增值税 = 6900 × 40% - 13100 × 5% = 2105 万元。

【答案】D

【单选题】G 房地产公司 2023 年 7 月取得受让的一宗土地使用权，支付价款 10000 万元。该写字楼项目仅开发土地的 70%，其余土地暂未开发，房地产开发成本 15000 万元，其中包括利息支出 500 万元，能够按项目分摊并能提供金融机构证明，写字楼建成后直接销售。该企业计算缴纳土地增值税时，可以加计扣除的金额为（　　）万元。

A. 4400　　　　　B. 4500　　　　　C. 4300　　　　　D. 5000

解析　利息计入房地产开发成本的，应调整至房地产开发费用扣除。取得土地使用权支付的金额为 10000 万元，房地产开发成本为（15000 - 500）万元。

加计扣除的金额 =（10000 × 70% + 15000 - 500）× 20% = 4300 万元

【答案】C

【单选题】2023年3月，某公司销售自用办公楼，不能取得评估价格，该公司提供的购房发票所载购房款为1200万元，购买日期为2012年1月1日。购入及转让环节相关税费80万元。该公司在计算土地增值税时允许扣除项目金额为（　　）万元。

A. 1280　　　　　B. 1895　　　　　C. 1940　　　　　D. 1880

解析　纳税人转让旧房及建筑物，凡不能取得评估价格，但能提供购房发票的，经当地税务部门确认，可按发票所载金额并从购买年度起至转让年度止每年加计5%计算扣除。计算扣除项目时的"每年"是指按购房发票所载日期起至售房发票开具之日止，每满12个月计一年，超过一年，未满12个月但超过6个月的，可以视同一年。

该公司在计算土地增值税时允许扣除项目金额=1200×（1+11×5%）+80=1940万元

【答案】 C

【单选题】某企业为增值税一般纳税人，2023年11月转让6年前自行建造的厂房，厂房对应的地价款为600万元，评估机构评定的重置成本价为1450万元，厂房六成新。该企业转让厂房计算土地增值税时准予扣除的项目金额是（　　）万元。（不考虑其他相关税费）

A. 870　　　　　B. 2050　　　　　C. 600　　　　　D. 1470

解析　转让旧房及建筑物能够取得评估价格的，应按房屋及建筑物的评估价格、取得土地使用权所支付的地价款、按国家统一规定缴纳的有关费用和转让环节缴纳的税金作为扣除项目金额计征土地增值税。

评估价格=1450×60%=870万元

地价款=600万元

该企业转让厂房计算土地增值税时准予扣除的项目金额=600+870=1470万元

【答案】 D

【单选题】W公司系某县房地产企业，属于增值税小规模纳税人。自2019年1月开始，购买一宗土地，开发某住宅小区，支付地价款80万元，缴纳契税3.2万元。同时，在建设过程中支付工程款124万元，增值税税额10万元。2024年5月竣工全部对外销售，销售合同分别列明税款和不含税价款，取得售房款472.5万元（含增值税）。已知W公司开发此小区发生管理费用和销售费用20万元，发生借款利息费用30万元（未超过同期银行贷款利率，能提供金融机构贷款证明且能准确按项目分摊，其他房地产开发费用扣除比例为5%）。已知，教育费附加征收率为3%、地方教育附加征收率为2%。

那么，W公司开发此小区应缴纳的土地增值税金额是（　　）万元。（计算保留小数点后四位）

A. 44.1788　　　B. 43.8075　　　C. 43.8750　　　D. 44.2125

解析　第一步：不含税销售收入=472.5/（1+5%）=450万元

第二步扣除项目金额：

（1）取得土地使用权支付的金额=80+3.2=83.2万元

（2）房地产开发成本=124+10=134万元

(3) 房地产开发费用 = 30 + (83.2 + 134) × 5% = 40.86 万元

(4) 与转让房地产有关的税金 = 472.5/ (1 + 5%) × 5% × (5% + 3% + 2%) × 50% = 1.125 万元

(5) 其他扣除金额 = (83.2 + 134) × 20% = 43.44 万元

扣除项目金额合计 = 83.2 + 134 + 40.86 + 1.125 + 43.44 = 302.625 万元

第三步：增值额 = 450 - 302.625 = 147.375 万元

第四步：增值率 = 147.375/302.625 × 100% = 48.70%

第五步：应纳土地增值税 = 147.375 × 30% = 44.2125 万元

【答案】D

【多选题】下列业务，可以享受土地增值税优惠政策的有（　　）。
A. 戊企业转让闲置仓库
B. 甲生产企业根据法律规定分设 A 公司和 B 公司，将房产转移至 A 公司
C. 乙房地产公司以自行开发的房产对 C 公司投资
D. 丁企业转让闲置职工宿舍作为改造安置住房房源，增值额除以扣除项目金额比例为 18% 的
E. 丙房地产公司受托对 D 企业闲置厂房进行改造

解析　选项 B，按照法律规定或者合同约定，企业分设为两个或两个以上与原企业投资主体相同的企业，对原企业将房地产转移、变更到分立后的企业，暂不征土地增值税。

选项 D，企事业单位、社会团体及其他组织转让旧房作为改造安置住房房源且增值额未超过扣除项目金额20%的，免征土地增值税。

选项 E，代建房行为不属于土地增值税征税范围，不属于题目所说的优惠政策。

【答案】BD

【多选题】关于土地增值税优惠政策，下列说法错误的有（　　）。
A. 将闲置的职工宿舍转让给政府用于改造安置住房房源，一律就其全部增值额按规定计税
B. 对个人销售商铺暂免征收土地增值税
C. 对因国家建设需要依法收回的房产免税
D. 以房地产作价入股房地产开发公司，对其将房地产变更至被投资的企业，暂不征收土地增值税
E. 建造普通标准住宅出售，其增值额未超过扣除项目金额之和20%的予以免税，超过20%的，应就其全部增值额按规定计税

解析　选项 A，企事业单位、社会团体以及其他组织转让旧房作为改造安置住房房源且增值额未超过扣除项目金额20%的，免征土地增值税。选项 B，对个人销售住房暂免征收土地增值税，销售商铺不适用该优惠政策。选项 D，房地产开发企业将开发产品对外投资，发生所有权转移时应视同销售房地产，缴纳土地增值税。

【答案】ABD

【单选题】某市因旧城改造，需要甲企业搬迁厂房，甲企业自行将厂房（营改增前取得）转让给相关政府部门，取得不含增值税收入350万元，该房地产购买时支付价款210万元，评估价格为300万元，则甲企业应纳的土地增值税为（　　）万元。
A. 0　　　　　　　B. 15　　　　　　　C. 17　　　　　　　D. 13

解析　因城市实施规划而搬迁由纳税人自行转让原房地产的，免征土地增值税。
【答案】A

【单选题】2023年3月甲厂转让市区一幢综合楼，取得不含税转让收入3200万元，已按规定缴纳转让环节的有关税金。该综合楼2017年7月1日购置时取得的购房发票上注明价款为2000万元、增值税220万元，进项税额已按规定申报扣除，契税完税凭证上注明已纳契税60万元。计算土地增值税时，该综合楼无评估价格。已知：转让综合楼计算缴纳土地增值税时不考虑印花税和地方教育附加。甲厂当月应缴纳土地增值税（　　）万元。

A. 182.16　　　　B. 66.36　　　　C. 159.96　　　　D. 146.16

解析　扣除项目 = 2000 ×（1 + 6 × 5%）+（3200 × 9% - 220）×（7% + 3%）+ 60 = 2666.8万元

增值额 = 3200 - 2666.8 = 533.2万元

增值率 = 533.2/2666.8 × 100% = 20%，税率30%。

应纳土地增值税 = 533.2 × 30% = 159.96万元
【答案】C

【单选题】某市第一医院为小规模纳税人，将已使用过的职工宿舍楼转让给当地市政府作为公共租赁住房房源，取得含增值税收入3000万元，合同价税未分别记载。该宿舍楼购买时支付价款2000万元，评估价格为2500万元，不考虑地方教育附加。则该医院应纳的土地增值税为（　　）万元。

A. 0　　　　　　B. 133.84　　　　C. 150　　　　　D. 133.5

解析　扣除项目 =（3000 - 2000）/（1 + 5%）× 5% ×（7% + 3%）+ 2500 + 3000 × 0.05% = 2506.26万元

增值额 = 3000 -（3000 - 2000）/（1 + 5%）× 5% - 2506.26 = 446.12万元

增值率 = 446.12/2506.26 × 100% = 17.8% < 20%

对企事业单位、社会团体及其他组织转让旧房作为公共租赁住房房源，且增值额未超过扣除项目金额20%的，免征土地增值税。
【答案】A

【计算题】甲房地产开发公司为增值税一般纳税人，开发F商品房项目（简称F项目）。

（1）2021年8月通过出让方式取得市区一宗土地用于开发F项目，支付土地出让金21000万元，税额630万元，当年10月份开工建设，并于2022年12月份竣工，可售建筑面积35000平方米。

(2) 2022年3月取得预售许可证，竣工验收前预售2000平方米，取得不含税预售房款6000万元。

(3) 发生房地产开发成本32460万元。

(4) 为建设F项目，向本地商业银行贷款4000万元，支付贷款利息合计220万元（在建期间发生的利息支出160万元已计入开发成本，项目竣工后利息支出60万元计入财务费用），已取得金融机构贷款证明。

(5) 截至2024年2月，销售商品房面积29500平方米（不含预售商品房面积），取得不含税销售额100300万元。预售的商品房竣工验收后，交付业主，2024年3月主管税务机关要求甲公司针对F项目办理土地增值税清算。

假设计算增值税的销项税额抵减冲减相应的土地成本，清算时与转让F项目有关的税金为554.65万元（不含增值税）。当地政府规定房地产开发费用准予扣除的比例为国家规定的最高比例。

要求：根据上述资料，回答下列问题：

1. F项目土地增值税清算时应税收入为（　　）万元。
   A. 106300　　　　B. 119000　　　　C. 107100　　　　D. 94500

   解析　应税收入 = 6000 + 100300 = 106300万元
   【答案】 A

2. F项目土地增值税清算时可扣除的开发成本为（　　）万元。
   A. 29070　　　　B. 27359.14　　　　C. 29214　　　　D. 27224.29

   解析　销售比例 = (2000 + 29500)/35000 × 100% = 90%
   开发成本 = (32460 – 160) × 90% = 29070万元
   【答案】 A

3. F项目土地增值税清算时可扣除的开发费用为（　　）万元。
   A. 2546.82　　　　B. 2716.50　　　　C. 2624.85　　　　D. 2568.82

   解析　取得土地使用权支付的金额 = (21000/1.09 + 630) × 90% = 17906.45万元
   开发成本 = (32460 – 160) × 90% = 29070万元
   开发费用 = 220 × 90% + (17906.45 + 29070) × 5% = 2546.82万元
   【答案】 A

4. F项目土地增值税清算时，甲公司应缴纳土地增值税（　　）万元。
   A. 11835.78　　　　B. 16371.38　　　　C. 15747.16　　　　D. 15757.06

   解析　转让环节税金 = 554.65万元
   加计扣除的金额 = (17906.45 + 29070) × 20% = 9395.29万元
   可以扣除项目的合计金额 = 17906.45 + 29070 + 2546.82 + 554.65 + 9395.29 = 59473.21万元
   增值额 = 106300 – 59473.21 = 46826.79万元

增值率 = 46826.79/59473.21 × 100% = 78.74%，适用 40% 税率，速算扣除系数 5%。
应缴纳土地增值税 = 46826.79 × 40% − 59473.21 × 5% = 15757.06 万元

【答案】D

【计算题】某市甲房地产开发公司，2023 年 2 月对新开发的非普通住宅项目进行土地增值税清算，有关情况如下：

(1) 甲公司于 2015 年 1 月以"招拍挂"方式取得土地使用权，根据合同规定缴纳土地出让金 8000 万元（不考虑支付的其他费用）并取得合规票据，已缴纳契税 240 万元。

(2) 甲公司使用上述土地的 70% 开发建造该项目，开发过程中发生开发成本 4000 万元，包括拆迁补偿费用 500 万元，能提供有效票据。管理费用 400 万元，销售费用 300 万元，财务费用中利息支出 350 万元，包括罚息 50 万元，不能提供金融机构证明。

(3) 截至 2023 年 1 月底，已销售该项目的 85%，取得含税销售收入 20000 万元。

已知：甲公司选择简易计税方法计算增值税，房地产开发费用扣除比例按照相关规定上限执行，不考虑地方教育附加。

根据上述资料，回答下列问题：

1. 该项目本次清算时准予扣除取得土地支付的金额是（　　）万元。
A. 7004.00　　　　B. 5768.00　　　　C. 8240.00　　　　D. 4902.80

解析　准予扣除取得土地支付的金额 =（8000 + 240）× 70% × 85% = 4902.80 万元
【答案】D

2. 该项目本次清算时准予扣除的与销售该项目相关的税金是（　　）万元。
A. 95.24　　　　B. 80.95　　　　C. 57.14　　　　D. 48.57

解析　准予扣除的税金 = 20000/（1 + 5%）× 5% ×（7% + 3%）= 95.24 万元
【答案】A

3. 该项目本次清算时准予扣除项目金额合计是（　　）万元。
A. 16007.24　　　　B. 9228.32　　　　C. 10723.74　　　　D. 10888.88

解析　开发成本 = 4000 × 85% = 3400 万元
开发费用 =（4902.80 + 3400）× 10% = 830.28 万元
准予扣除的项目金额合计 = 4902.80 + 3400 + 830.28 + 95.24 +（4902.80 + 3400）× 20% = 10888.88 万元
【答案】D

4. 该项目本次清算时应缴纳土地增值税是（　　）万元。
A. 3525.40　　　　B. 2793.37　　　　C. 2719.05　　　　D. 912.11

解析　增值额 = 20000 − 20000/（1 + 5%）× 5% − 10888.88 = 8158.74 万元
增值率 = 8158.74/10888.88 × 100% = 74.93%，适用税率 40%，速算扣除系数 5%。

土地增值税 = 8158.74 × 40% - 10888.88 × 5% = 2719.05 万元

【答案】C

【计算题】A 市某机械厂为增值税一般纳税人，2023 年 3 月因企业搬迁将原厂房出售，相关资料如下：

（1）该厂房于 2004 年 3 月购进，会计账簿记载的该厂房入账的固定资产原价为 1600 万元，账面净值 320 万元。搬迁过程中该厂房购进发票丢失，该厂提供的当年缴纳契税的完税凭证，记载契税的计税金额为 1560 万元，缴纳契税 46.8 万元。

（2）转让厂房取得含税收入 3100 万元。该机械厂选择简易计税方法计税。

（3）转让厂房时评估机构评定的重置成本价为 3800 万元，该厂房四成新。（相关资料：不考虑印花税、地方教育附加）

要求：根据上述资料，请回答下列问题：

1. 该机械厂转让厂房应缴纳增值税（　　）万元。
   A. 147.62　　　B. 77.00　　　C. 13.90　　　D. 73.33

解析　纳税人转让不动产，按照有关规定差额缴纳增值税的，如因丢失等原因无法提供取得不动产时的发票，可向税务机关提供其他能证明契税计税金额的完税凭证等资料，进行差额扣除。2016 年 4 月 30 日及以前缴纳契税的：增值税应纳税额 = ［全部交易价格（含增值税）- 契税计税金额（含营业税）］/（1 + 5%）× 5%。

该机械厂转让厂房应缴纳增值税 =（3100 - 1560）/（1 + 5%）× 5% = 73.33 万元

【答案】D

2. 该机械厂转让厂房计算土地增值税时准予扣除的转让环节的税金为（　　）万元。
   A. 7.33　　　B. 1.39　　　C. 7.70　　　D. 54.13

解析　准予扣除的转让环节的税金 = 73.33 ×（7% + 3%）= 7.33 万元

【答案】A

3. 该机械厂转让厂房计算土地增值税时准予扣除项目金额为（　　）万元。
   A. 1574.13　　　B. 327.33　　　C. 1527.33　　　D. 647.33

解析　评估价格 = 重置成本价 × 成新度折扣率 = 3800 × 40% = 1520 万元
准予扣除项目金额 = 1520 + 7.33 = 1527.33 万元

【答案】C

4. 该机械厂转让厂房应缴纳土地增值税（　　）万元。
   A. 1460.46　　　B. 1156.46　　　C. 523.37　　　D. 493.65

解析　增值额 = 3100 - 73.33 - 1527.33 = 1499.34 万元
增值率 = 1499.34 / 1527.33 × 100% = 98.17%
适用税率为 40%，速算扣除系数为 5%。

应缴纳土地增值税 = 1499.34 × 40% - 1527.33 × 5% = 523.37 万元

【答案】C

【综合题】某房地产开发公司为增值税一般纳税人，拟对其开发的位于县城一房地产项目进行土地增值税清算，该项目相关信息如下：

（1）2015年12月以10000万元竞得国有土地一宗，并按规定缴纳契税。

（2）该项目2018年开工建设，未取得《建筑工程施工许可证》，建筑工程承包合同注明的开工日期为2018年3月25日，因逾期开发，缴纳土地闲置费2000万元。房产于2023年1月竣工，开发期间共发生房地产开发成本7000万元，开发费用3400万元。

（3）该项目所属物业用房建成后产权归全体业主所有，并已移交物业公司使用，发生物业用房开发成本500万元（此成本已包含在开发成本7000万元中）。

（4）2023年4月，该项目销售完毕，取得含税销售收入42000万元。房产开发期间共发生相关进项税额800万元（均已确认抵扣）。

（5）2023年4月，支付转让价款，购入位于市区一地块，取得增值税专用发票价款15000万元，税额1350万元，当月开工建设新的房地产项目。

（其他相关资料：契税税率4%，利息支出无法提供金融机构证明，当地省政府规定的房地产开发费用扣除比例为10%。）

要求：根据上述资料，回答下列问题：

1. 该房地产公司2023年4月应纳增值税（　　）万元。
   A. 2642.20   B. 1292.20   C. 2117.89   D. 53.67

解析　当月销项税额 =（42000 - 10000）/（1 + 9%）× 9% = 2642.20万元
当月进项税额 = 1350万元
当月应纳增值税 = 1292.20万元

【答案】B

2. 计算土地增值税时允许扣除的税金（　　）万元。
   A. 264.22   B. 129.22   C. 184.22   D. 211.79

解析　允许扣除的税金 =（2642.20 - 800）×（5% + 3% + 2%）= 184.22万元

【答案】C

3. 计算土地增值税时允许扣除的开发费用（　　）万元。
   A. 1740   B. 1700   C. 1792   D. 3400

解析　允许扣除的开发费用 = [10000 ×（1 + 4%）+ 7000] × 10% = 1740万元

【答案】A

4. 允许扣除项目金额的合计数（　　）万元。
   A. 22804.22   B. 22764.22   C. 22749.22   D. 22791.79

解析 土地闲置费不得扣除，物业用房建成后产权归全体业主所有，其开发成本可以扣除。

允许扣除的项目合计 = 10000 × （1 + 4%） + 7000 + 1740 + 184.22 + ［10000 × （1 + 4%） + 7000］× 20% = 22804.22 万元

【答案】A

拓展

- 关于公共设施

房地产开发企业开发建造的与清算项目配套的居委会和派出所用房、会所、停车场（库）、物业管理场所、变电站、热力站、水厂、文体场馆、学校、幼儿园、托儿所、医院、邮电通信等公共设施，按以下原则处理：

（1）建成后产权属于全体业主所有的，其成本、费用可以扣除。

（2）建成后无偿移交给政府、公用事业单位用于非营利性社会公共事业的，其成本、费用可以扣除。

（3）建成后有偿转让的，应计算收入，并准予扣除成本、费用。

- 关于装修

房地产开发企业销售已装修的房屋，其装修费用可以计入房地产开发成本。

- 关于预提费用

房地产开发企业的预提费用，除另有规定外，不得扣除。

- 关于质量保证金

房地产开发企业在工程竣工验收后，根据合同约定，扣留建筑安装施工企业一定比例的工程款，作为开发项目的质量保证金，在计算土地增值税时，建筑安装施工企业就质量保证金对房地产开发企业开具发票的，按发票所载金额予以扣除。未开具发票的，扣留的质量保证金不得计算扣除。

5. 该房地产开发项目应缴纳土地增值税（　　）万元。

A. 6586.21　　　　B. 5481.22　　　　C. 5569.37　　　　D. 6687.59

解析 增值额 = （42000 - 2642.20） - 22804.22 = 16553.58 万元

增值率 = 16553.58 / 22804.22 × 100% = 72.59%

应纳土地增值税 = 16553.58 × 40% - 22804.22 × 5% = 5481.22 万元

【答案】B

6. 下列说法正确的有（　　）。

A. 该项目可以选择简易纳税方法计征增值税

B. 2023年4月购入的地块不属于本项目，所以当期不可抵扣增值税进项税额

C. 计算土地增值税与增值税时，土地价款应按配比原则扣除

D. 利息成本包含在开发成本中不影响计算，无需调整

E. 物业用房开发成本可以扣除

解析 选项A，该项目应采用一般计税方法计征增值税。未取得《建筑工程施工许可证》的，按建筑工程承包合同注明的开工日期确定计税方法，项目开工日期在2016年5月

1日后的建筑工程项目，应采用一般计税方法。选项B，当期应纳增值税按增值税政策凭票抵扣，购入地块取得增值税专用发票，可以抵扣。选项D，无论会计账务如何处理，利息支出在房地产开发费用中扣除，不可计入开发成本。

【答案】CE

高频考点·征收管理★

【多选题】房地产企业有下列情形（　　）之一的，税务机关可以核定征收土地增值税。
A. 依照法律规定应当设置但未设置账簿的
B. 擅自销毁账簿的
C. 申报的计税依据明显偏低，又无正当理由的
D. 符合土地增值税清算条件，但未按规定的期限办理清算手续的
E. 转让旧房及建筑物，既没有评估价格，又不能提供购房发票的

【解析】在清算过程中，发现纳税人符合以下条件之一的，应按核定征收方式对房地产项目进行清算。
（1）依照法律、行政法规的规定应当设置但未设置账簿的。
（2）擅自销毁账簿或者拒不提供纳税资料的。
（3）虽设置账簿，但账目混乱或者成本资料、收入凭证、费用凭证残缺不全，难以确定转让收入或扣除项目金额的。
（4）符合土地增值税清算条件，企业未按照规定的期限办理清算手续，经税务机关责令限期清算，逾期仍不清算的。
（5）申报的计税依据明显偏低，又无正当理由的。
选项E，对转让旧房及建筑物，既没有评估价格，又不能提供购房发票的，税务机关可实行核定征收。

【答案】ABCE

【多选题】下列情形中，主管税务机关可要求纳税人进行土地增值税清算的有（　　）。
A. 纳税人申请注销税务登记但未办理土地增值税清算手续
B. 房地产开发项目全部竣工、完成销售
C. 已竣工验收的房地产开发项目，已转让的房地产建筑面积占整个项目可售建筑面积的比例未超过85%，但剩余可售建筑面积已经出租或自用
D. 取得销售（预售）许可证满2年仍未销售完毕的
E. 已竣工验收的房地产开发项目，已转让的房地产建筑面积占整个项目可售建筑面积的比例在85%以上

【解析】符合以下条件之一的，主管税务机关可要求纳税人进行土地增值税清算：
（1）已竣工验收的房地产开发项目，已转让的房地产建筑面积占整个项目可售建筑面积的比例在85%以上，或该比例虽未超过85%，但剩余的可售建筑面积已经出租或自用的。

（2）取得销售（预售）许可证满3年仍未销售完毕的。
（3）纳税人申请注销税务登记但未办理土地增值税清算手续的。
（4）省税务机关规定的其他情况。
【答案】ACE

【多选题】下列各项中，符合土地增值税清算管理规定的有（　　）。
A. 房地产开发企业未支付的质量保证金一律不得扣除
B. 对于分期开发的房地产项目，各期清算的方式应保持一致
C. 房地产企业逾期开发缴纳的土地闲置费不得扣除
D. 直接转让土地使用权的，主管税务机关可以要求纳税人进行土地增值税清算
E. 纳税人按规定预缴土地增值税后，清算补缴的土地增值税，在主管税务机关规定的期限内补缴的，不加收滞纳金

解析　选项A，质量保证金开具发票的，按发票所载金额予以扣除。未开具发票的，扣留的质保金不得予以扣除。选项D，直接转让土地使用权的，纳税人应进行土地增值税清算。
【答案】BCE

【单选题】对于符合清算条件，应进行土地增值税清算的项目，纳税人应当在满足清算条件之日起（　　）日内到主管税务机关办理清算手续。
A. 30　　　　　　B. 60　　　　　　C. 90　　　　　　D. 120

解析　对于符合清算条件，应进行土地增值税清算的项目，纳税人应当在满足清算条件之日起90日内到主管税务机关办理清算手续。
【答案】C

第六章 资源税

■ **考情分析**

1. 重要程度：本章节属于本书次重要章节，分值在 10~20 分之间。

2. 考查题型：结合近 5 年经典题，通常以单选题、多选题、计算分析题的形式进行考查。

■ **考点分布**

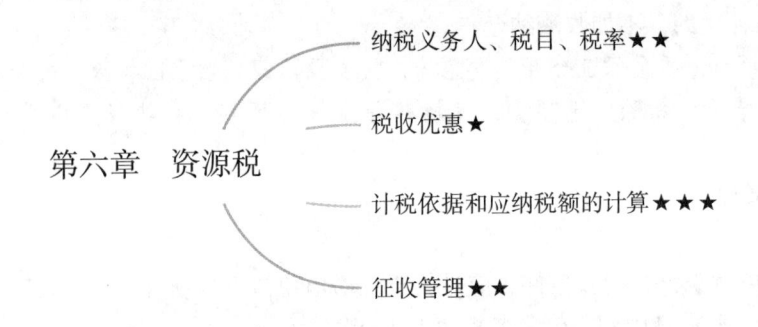

```
                             ┌── 纳税义务人、税目、税率★★
                             │
                             ├── 税收优惠★
第六章　资源税 ──────────────┤
                             ├── 计税依据和应纳税额的计算★★
                             │
                             └── 征收管理★★
```

高频考点· 纳税义务人、税目、税率★★

【多选题】资源税的纳税义务人包括（　　）。

A. 在中国境内开采并销售海盐的个人

B. 在中国境内生产销售天然气的中外合作企业

C. 在境外生产自用应税矿产资源的盐场

D. 出口国内开采应税矿产资源的国有企业

E. 进口应税矿产资源的外商投资企业

解析　在中华人民共和国领域和中华人民共和国管辖的其他海域开发应税资源的单位和个人，作为资源税的纳税人，进口环节不征收资源税。

【答案】ABD

【多选题】根据资源税规定，下列各项属于资源税征税范围的有（　　）。

A. 人造石油　　　　　　　　　　　　B. 成品油

C. 与原油同时开采的天然气　　　　　　D. 自来水

E. 铁矿石

解析　人造石油、成品油、自来水不属于资源税征收范围，不征收资源税。

【答案】CE

【单选题】下列油品属于资源税征收范围的是（　　）。
A. 高凝油　　　　B. 溶剂油　　　　C. 燃料油　　　　D. 石脑油

解析　稠油、高凝油属于资源税的征税范围。
【答案】A

【多选题】下列属于资源税征税对象的有（　　）。
A. 钨矿原矿　　　B. 海盐　　　　C. 钼矿原矿
D. 锰矿原矿　　　E. 人造石油

解析　选项A，钨矿资源税征税对象为钨矿选矿。选项C，钼矿资源税征税对象为钼矿选矿。选项E，人造石油不属于资源税征税范围。征税对象只能是选矿的有：（有色金属）钨、钼、稀土；（盐）钠盐、钾盐、镁盐、锂盐。
【答案】BD

【单选题】关于资源税税率，下列说法正确的是（　　）。
A. 有色金属选矿一律实行幅度比例税率
B. 开采不同应税产品的，未分别核算或不能准确提供不同应税产品的销售额或销售数量的，从高适用税率
C. 原油和天然气税目不同，适用税率也不同
D. 具体适用税率由省级人民政府提出，报全国人民代表大会常委会决定

解析　选项A，有色金属中的钨、钼、中重稀土选矿采用固定比例税率，其他的选矿适用幅度比例税率。选项C，原油和天然气都属于能源矿产税目，适用税率都为6%。选项D，"税目税率表"中规定实行幅度税率的，其具体适用税率由省、自治区、直辖市人民政府统筹考虑该应税资源的品位、开采条件及对生态环境的影响等情况，在"税目税率表"规定的税率幅度内提出，报同级人民代表大会常务委员会决定，并报全国人民代表大会常务委员会和国务院备案。
【答案】B

【单选题】关于资源税计税方式，下列说法正确的是（　　）。
A. 计征方式分为从价计征、从量计征和复合计征三种
B. 资源税的税率形式有统一比例税率、幅度比例税率与幅度定额税率
C. 可选择实行从价计征或从量计征的，具体计征方式由省级税务机关确定
D. 由纳税人自行选择资源税计税方式

解析　选项A，资源税实行从价计征或者从量计征。选项B，资源税税率形式有比例税率和定额税率两种。选项CD，可以选择实行从价计征或者从量计征的，具体计征方式由省、自治区、直辖市人民政府提出，报同级人民代表大会常务委员会决定，并报全国人民代表大会常务委员会和国务院备案。
【答案】B

【单选题】下列可适用资源税定额税率的是（   ）。
A. 地热　　　　　B. 煤层（成）气　　　　C. 石墨　　　　　D. 钠盐

🔍 解析　选项 A，地热、砂石、矿泉水、天然卤水、石灰岩、其他黏土可采用从价计征或从量计征的方式缴纳资源税。选项 BCD，适用资源税比例税率。

【答案】A

【多选题】关于资源税征税对象和适用税率，下列说法正确的有（   ）。
A. 纳税人以自采原矿通过切割形成产品销售的，按原矿计征资源税
B. 纳税人开采同一税目下适用不同税率应税产品，不能提供不同税率应税产品销售额或销售数量的，按照不同税率应税产品的产量比确定适用税率
C. 纳税人将应税选矿产品用于赠送的，按照选矿产品计征资源税
D. 纳税人自采原矿移送切割生产矿产品，在移送环节按照原矿计征资源税
E. 纳税人以自采原矿直接销售的，按原矿计征资源税

🔍 解析　选项 AD，纳税人以自采原矿洗选加工为选矿产品（通过破碎、切割、洗选、筛分、磨矿、分级、提纯、脱水、干燥等过程形成的产品，包括富集的精矿和研磨成粉、粒级成型、切割成型的原矿加工品）销售，或者将选矿产品自用于应当缴纳资源税情形的：①按照选矿产品计征资源税；②在原矿移送环节不缴纳资源税。选项 B，纳税人开采或者生产同一税目下适用不同税率应税产品的，应当分别核算不同税率应税产品的销售额或者销售数量。未分别核算或者不能准确提供不同税率应税产品的销售额或者销售数量的，从高适用税率。

【答案】CE

【多选题】下列关于试点水资源税，说法正确的有（   ）。
A. 对超过规定限额的农业生产取用水水资源税可按年征收
B. 纳税义务发生时间为纳税人取用水资源的当日
C. 除跨省（区、市）水力发电取用水外，向取水地的税务机关申报缴纳
D. 需要跨省（区、市）调度水资源的，要在调出区域所在地报税
E. 跨省（区、市）水力发电取用水，水资源税在相关省份之间按比例分配

🔍 解析　选项 C，除跨省（区、市）水力发电取用水外，向生产经营所在地的税务机关申报缴纳。选项 D，需要跨省（区、市）调度水资源的，要在调入区域所在地报税。

【答案】ABE

【多选题】关于水资源税的说法，正确的有（   ）。
A. 家庭生活少量取用水，不缴纳水资源税
B. 高尔夫球场取用水，从高计算税额
C. 跨省调度水资源，由调出区域所在地税务机关缴纳水资源税
D. 地源热泵取用水，免征水资源税
E. 纳税义务发生时间为纳税人取用水资源税当日

🔍 解析　选项 C，跨省调度水资源，由调入区域所在地的税务机关征收水资源税。选项 D，

对回收利用的疏干排水和地源热泵取用水,从低确定税额。

【答案】ABE

【单选题】乙矿山(一般纳税人)从页岩层中开采天然气20万立方米,销售19.5万立方米,双方约定不含增值税销售额19.5万元,其他0.5万立方米用于职工食堂,开采过程中疏干排水1万立方米。天然气税率为6%,该企业水资源税地表水为每立方米1元,地下水为每立方米3元,该企业不属于小型微利企业。乙矿山当期应纳资源税(含水资源税)( )万元。

A. 3.84　　　　　　B. 4.17　　　　　　C. 4.2　　　　　　D. 1.84

解析　为促进页岩气开发利用,有效增加天然气供给,在2027年12月31日之前,对页岩气资源税按6%的规定税率减征30%。

应缴纳的天然气资源税 = 19.5/19.5 × 20 × 6% × (1 - 30%) = 0.84万元

疏干排水(在采矿和工程建设过程中破坏地下水层、发生地下涌水的活动)的实际取用水量按照排水量确定。

水资源税 = 1 × 3 = 3万元

合计:3.84万元。

【答案】A

【多选题】根据水资源税试点实施办法的规定,下列用水中,应征收水资源税的有( )。

A. 消除对公共利益的危害临时应急取水　　B. 工业生产直接从水库取用水
C. 特种行业直接从海洋取用水　　　　　　D. 矿井为生产安全临时应急取水
E. 回收利用的疏干排水和地源热泵取用水

解析　除规定情形外,水资源税的纳税人为直接取用地表水、地下水的单位和个人,包括直接从江、河、湖泊(含水库)和地下取用水资源的单位和个人。下列情形,不缴纳水资源税:

(1)农村集体经济组织及其成员从本集体经济组织的水塘、水库中取用水的。
(2)家庭生活和零星散养、圈养畜禽饮用等少量取用水的。
(3)水利工程管理单位为配置或者调度水资源取水的。

【答案】BE

拓展　水资源税总结

纳税义务人	直接取用地表水、地下水的单位和个人。 不缴纳水资源税的情形: (1)农村集体经济组织及其成员从本集体经济组织的水塘、水库中取用水的。 (2)家庭生活和零星散养、圈养畜禽饮用等少量取用水的。 (3)水利工程管理单位为配置或者调度水资源取水的。 (4)为保障矿井等地下工程施工安全和生产安全必须进行临时应急取(排)水的。 (5)为消除对公共安全或者公共利益的危害而临时应急取水的。 (6)为农业抗旱和维护生态与环境必须临时应急取水的

续表

征税对象	地表水和地下水
计税依据及应纳税额的计算	(1) 一般取用水：实际取用水量。 (2) 疏干排水：排水量。 (3) 水力发电：实际发电量
税收优惠	(1) 规定限额内的农业生产取用水，免征。 (2) 受县级以上人民政府及有关部门委托进行国土绿化、地下水回灌、河湖生态补水等生态取用水，免征。 (3) 除接入城镇公共供水管网以外，军队、武警部队通过其他方式取用水的，免征。 (4) 抽水蓄能发电取用水，免征。 (5) 采油排水经分离净化后在封闭管道回注的，免征

高频考点 · 税收优惠★

【多选题】关于增值税一般纳税人资源税优惠政策，下列说法正确的有（　　）。
A. 对从低丰度油气田开采的原油、天然气减征30%的资源税
B. 煤炭开采企业因安全生产需要抽采的煤成（层）气免征资源税
C. 对高含硫天然气资源税减征40%
D. 纳税人开采或者生产应税产品过程中，因意外事故或者自然灾害等原因遭受重大损失的，可由省、自治区、直辖市决定免征或者减征资源税
E. 从衰竭期矿山开采的矿产品减征40%资源税

解析 选项A，对从低丰度油气田开采的原油、天然气减征20%。选项C，对高含硫天然气资源税减征30%。选项E，从衰竭期矿山开采的矿产品，资源税减征30%。

【答案】 BD

【多选题】关于资源税税收优惠，说法正确的有（　　）。
A. 在油田范围外运输原油过程中用于加热的原油免征资源税
B. 煤炭开采企业因安全生产需要抽采的煤成（层）气免征资源税
C. 水深超过200米的油气田属于深水油气田，开采的原油减征30%资源税
D. 自2018年4月1日至2027年12月31日，对页岩气资源税减征30%
E. 凝固点高于40℃的原油是高凝油，减按40%资源税

解析 选项A，开采原油及在油田范围内运输原油过程中用于加热的原油、天然气免征资源税。选项C，深水油气田，指水深超过300米的油气田。选项E，稠油（地层原油黏度≥50MPa/s或原油密度≥0.92g/cm³）、高凝油（凝固点高于40℃的原油）减征40%。

【答案】 BD

【单选题】 关于资源税税收优惠，下列说法正确的有（　　）。
A. 纳税人开采或者生产同一应税产品，同时符合两项或两项以上减征资源税优惠政策的，可以同时享受各项优惠政策
B. 纳税人开采低品位矿，由省、自治区、直辖市税务机关决定免征或减征资源税
C. 由省、自治区、直辖市人民政府提出的免征或减征资源税的具体办法，应报同级人民代表大会常务委员会决定，并报全国人民代表大会常务委员会和国务院备案
D. 纳税人享受资源税优惠政策，实行"自行判别，审核享受，留存备查"的办理方式

解析 选项 A，纳税人开采或者生产同一应税产品，同时符合两项或者两项以上减征资源税优惠政策的，除另有规定外，只能选择其中一项执行。选项 B，纳税人开采共伴生矿、低品位矿、尾矿规定的免征或者减征资源税的具体办法，由省、自治区、直辖市人民政府提出，报同级人民代表大会常务委员会决定，并报全国人民代表大会常务委员会和国务院备案。选项 D，纳税人享受资源税优惠政策，实行"自行判别，申报享受，有关资料留存备查"的办理方式，另有规定的除外。

【答案】 C

【多选题】 资源税法规定下列由省级人民政府决定减免税情形的有（　　）。
A. 天然气企业开采天然气　　　　　　B. 铜矿业开采低品位煤矿
C. 铁矿业开采共伴生矿　　　　　　　D. 盐业企业生产无碘海盐
E. 矿区遭受自然灾害造成重大损失

解析 （1）纳税人开采或者生产应税产品过程中，因意外事故或者自然灾害等原因遭受重大损失的。（2）纳税人开采共伴生矿、低品位矿、尾矿。上述两项的免征或者减征的具体办法，由省、自治区、直辖市人民政府提出，报同级人民代表大会常务委员会决定，并报全国人民代表大会常务委员会和国务院备案。

【答案】 BCE

拓展　资源税税收优惠政策总结

税收优惠	免征	（1）开采原油及在油田范围内运输原油过程中用于加热的原油、天然气。 （2）煤炭开采企业因安全生产需要抽采的煤成（层）气
	减征	（1）低丰度油气田开采的原油、天然气资源税减征 20%。 （2）高含硫天然气、三次采油和深水油气田开采的原油、天然气资源税减征 30%。 （3）从衰竭期矿山开采的矿产品，资源税减征 30%。 （4）高凝油、稠油资源税减征 40%。 （5）页岩气资源税（按 6% 的规定税率）减征 30%（2027.12.31 之前）。 （6）充填开采置换出来的煤炭，资源税减征 50%（2027.12.31 之前）
	增值税小规模纳税人、小型微利企业和个体工商户减半征收资源税（不含水资源税）	
	省、自治区、直辖市可以决定免征或者减征资源税	（1）纳税人因意外事故或者自然灾害等原因遭受重大损失的。 （2）纳税人开采共伴生矿、低品位矿、尾矿

高频考点 · 计税依据和应纳税额的计算 ★★★

【单选题】下列关于资源税的表述中,正确的是( )。
A. 将自采的原油连续生产汽油,不缴纳资源税
B. 将自采的铁原矿加工为铁选矿,视同销售铁原矿缴纳资源税
C. 将自采的原煤加工为洗选煤销售,在加工环节缴纳资源税
D. 将自采的铜原矿加工为铜选矿进行投资,视同销售铜选矿缴纳资源税

解析 选项A,属于将开采的应税产品用于生产非应税产品,移送环节缴纳资源税。选项B,自采原矿洗选加工为选矿产品销售或将选矿产品自用于应纳资源税情形的,按照选矿产品计征资源税,在原矿移送环节不缴纳资源税。选项C,自采原矿直接销售或自用于应纳资源税情形的,按照原矿计征资源税。

【答案】D

【单选题】下列关于资源税计税依据的说法,正确的是( )。
A. 计税销售额是指向购买方收取的全部价款、价外费用和相关其他费用
B. 计税销售额不包括增值税税款
C. 按后续加工非应税产品销售价格确定计税销售额时,减去开采环节的利润后确定
D. 按组成计税价格确定,组成计税价格不包含资源税

解析 选项A,资源税应税产品的销售额,按照纳税人销售应税产品向购买方收取的全部价款确定,不包括增值税税款。选项C,按后续加工非应税产品销售价格,减去后续加工环节的成本利润后确定。选项D,资源税是价内税,组成计税价格中是包含资源税的。
组成计税价格=成本×(1+成本利润率)/(1-资源税税率)

【答案】B

【多选题】计入销售额的相关运杂费用,凡取得合法有效凭据的,在计算应纳资源税时准予扣除的有( )。
A. 应税产品从坑口到码头的港杂费用
B. 应税产品从批发地到车站的装卸费用
C. 应税产品从洗选地到码头发生的运费
D. 应税产品从坑口到购买方指运地产生的仓储费用
E. 应税产品从坑口到销售地的运费

解析 计入销售额中的相关运杂费用,凡取得增值税发票或者其他合法有效凭据的,准予从销售额中扣除。相关运杂费用,是指应税产品从坑口或者洗选(加工)地到车站、码头或者购买方指定地点的运输费用、建设基金,以及随运销产生的装卸、仓储、港杂费用。

【答案】ACDE

【单选题】 甲煤矿 2024 年 3 月销售自采与外购原煤混合的原煤，取得不含税销售额 180 万元。其中，从坑口到车站站场的运输费用 8 万元、装卸费 2 万元（取得符合规定的发票），上月未抵减的外购原煤不含税购进额 50 万元。该地区原煤资源税税率 3%。甲煤矿本月应缴纳资源税为（　　）万元。（不考虑六税两费减征优惠）

A. 5.10　　　　　B. 3.60　　　　　C. 3.90　　　　　D. 5.40

解析　甲煤矿本月应缴纳资源税 =（180 - 8 - 2 - 50）× 3% = 3.60 万元

【答案】 B

【单选题】 2024 年 3 月，某原油开采企业（增值税一般纳税人，小型微利企业）销售原油取得不含税销售额 356 万元，开采过程中的加热使用原油 1 吨，用 10 吨原油与汽车生产企业换取一辆汽车。原油不含税销售平均价格 0.38 万元/吨，最高价格 0.40 万元/吨。原油资源税税率 6%。该企业当月应纳资源税（　　）万元。

A. 18.56　　　　B. 10.79　　　　C. 21.39　　　　D. 21.36

解析　开采原油及在油田范围内运输原油过程中用于加热的原油、天然气免征资源税。将自产原油换取汽车，按同类不含税销售价格计算资源税。自 2023 年 1 月 1 日至 2027 年 12 月 31 日，对增值税小规模纳税人、小型微利企业和个体工商户减半征收资源税（不含水资源税）、城市维护建设税、房产税、城镇土地使用税、印花税（不含证券交易印花税）、耕地占用税和教育费附加、地方教育附加。

应缴纳资源税 =（356 + 0.38 × 10）× 6% × 50% = 10.79 万元

【答案】 B

【单选题】 下列关于准予扣减外购应税资源产品已纳从价定率征收的资源税，说法正确的是（　　）。

A. 纳税人以外购原矿与自采原矿混合为原矿销售的，未准确核算外购应税产品购进金额的，由主管税务机关根据具体情况核定扣减

B. 纳税人以外购原矿与自采原矿混合为原矿销售的，以扣减外购原矿购进金额后的余额确定计税依据，当期不足扣减的，可以结转下期扣减

C. 纳税人以外购原矿与自采原矿混合加工为选矿产品销售的，以扣减外购原矿购进金额后的余额确定计税依据，当期不足扣减的，可结转下期扣减

D. 纳税人以外购原矿与自采原矿混合加工为选矿产品销售的，以扣减外购原矿购进金额后的余额确定计税依据，当期不足扣减的，不得结转下期扣减

解析　选项 A，纳税人应当准确核算外购应税产品的购进金额或者购进数量，未准确核算的，一并计算缴纳资源税。选项 CD，纳税人以外购原矿与自采原矿混合洗选加工为选矿产品销售的，在计算应税产品销售额时，按照下列方法进行扣减：

准予扣减的外购应税产品购进金额（数量）= 外购原矿购进金额（数量）×（本地区原矿适用税率/本地区选矿产品适用税率）

【答案】 B

【单选题】某钨矿企业为增值税一般纳税人，2023年8月开采钨矿原矿15万吨。该企业将10万吨钨矿原矿加工为钨矿选矿5万吨，其中，销售钨矿选矿3万吨，取得不含税销售额42万元，用于对外投资钨矿选矿2万吨。钨矿选矿资源税税率为6.5%。该企业当月应缴纳资源税（　　）万元。

A. 2.73　　　　B. 13.65　　　　C. 9.10　　　　D. 4.55

解析 纳税人以应税产品用于非货币性资产交换、捐赠、偿债、赞助、集资、投资、广告、样品、职工福利、利润分配或者连续生产非应税产品等应计征资源税。

该企业当月应缴纳资源税 = 42/3 ×（3+2）× 6.5% = 4.55 万元

【答案】 D

【单选题】甲煤矿为增值税一般纳税人（非小型微利企业），2024年3月销售原煤取得不含税销售额2400万元。将自产的原煤与外购的原煤混合加工为选煤并在本月全部对外销售，取得不含税销售额1520万元，外购该批原煤取得增值税专用发票注明金额800万元，税额104万元。甲煤矿所在地与外购原煤所在地原煤资源税税率均为7%，选煤资源税税率均为5%。甲煤矿本月应缴纳资源税（　　）万元。

A. 244　　　　B. 204　　　　C. 188　　　　D. 218

解析 纳税人以外购原矿与自采原矿混合洗选加工为选矿产品销售的，在计算应税产品销售额或者销售数量时，按照下列方法进行扣减：准予扣减的外购应税产品购进金额（数量）= 外购原矿购进金额（数量）×（本地区原矿适用税率/本地区选矿产品适用税率）。

甲煤矿本月应缴纳资源税 = 2400 × 7% +（1520 - 800 × 7%/5%）× 5% = 188 万元

【答案】 C

【计算题】某锡矿开采企业为增值税一般纳税人（非小型微利企业），2024年3月发生如下业务：

（1）销售自采锡矿原矿3000吨，取得不含税金额6000万元，将自产锡矿原矿5000吨用于加工选矿4500吨，当月销售选矿4000吨，取得不含税销售额12000万元。

（2）外购锡矿原矿，取得增值税专用发票上注明金额1800万元，将其与自采的锡矿原矿混合并销售，取得不含税销售额4900万元。

（3）外购锡矿原矿，取得增值税专用发票上注明金额3000万元，将其与自采锡矿原矿加工成选矿出售，取得不含税金额8500万元。

（4）外购锡矿选矿，取得增值税专用发票上注明金额3500万元，将其与自产锡矿选矿混合并出售，取得不含税销售额7200万元。

（5）开采锡矿过程中伴采锌矿原矿用于抵偿甲企业货款，该批锌矿原矿开采成本为280万元，无同类产品销售价格。

已知：当地省级政府规定锡矿原矿和选矿资源税税率分别为5%和4.5%；锌矿原矿资源税税率6%、成本利润率为10%。

根据上述资料，回答下列问题：

1. 业务（1）应纳资源税（　　）万元。
A. 800　　　　　　　　B. 840　　　　　　　　C. 1080　　　　　　　　D. 607.5

解析　业务（1）应纳资源税 = 6000 × 5% + 12000 × 4.5% = 840 万元
【答案】B

2. 业务（2）应纳资源税（　　）万元。
A. 139.5　　　　　　　B. 155　　　　　　　　C. 335　　　　　　　　D. 245

解析　业务（2）应纳资源税 =（4900 − 1800）× 5% = 155 万元
【答案】B

3. 业务（3）应纳资源税（　　）万元。
A. 247.5　　　　　　　B. 261　　　　　　　　C. 232.5　　　　　　　D. 382.5

解析　业务（3）应纳资源税 =（8500 − 3000 × 5%/4.5%）× 4.5% = 232.5 万元
【答案】C

4. 该企业当月应纳资源税（　　）万元。
A. 1515.48　　　　　　B. 1566　　　　　　　　C. 1413.66　　　　　　D. 1568.11

解析　业务（4）应纳资源税 =（7200 − 3500）× 4.5% = 166.5 万元
业务（5）应纳资源税 = 280 ×（1 + 10%）/（1 − 6%）× 6% = 19.66 万元
资源税组成计税价格计算公式为：
组成计税价格 = 成本 ×（1 + 成本利润率）/（1 − 资源税税率）　合计应纳资源税 = 840 + 155 + 232.5 + 166.5 + 19.66 = 1413.66 万元

【答案】C

【综合分析题】位于 A 地的甲矿业开采公司为增值税一般纳税人，A 地设计开采年限为 30 年，相关开采信息见下表。

开采许可证注明的开采起始日期	设计可开采量（万吨）	已开采量（万吨）	剩余可开采量（万吨）
2000 年 7 月	600	500	100

甲公司 2023 年 11 月发生的经营业务如下：

（1）购进采掘设备一台，取得增值税专用发票上注明价款 300000 元，税额 39000 元。购进设备修理零部件一批，取得增值税专用发票上注明价款 100000 元，税额 13000 元。

（2）开采黏土原矿 10000 吨，当月销售 3000 吨，开具增值税专用发票上注明金额 1880000 元。（含从坑口到购买方指定码头的运费 80000 元，取得增值税普通发票），黏土原矿已发出，款项已收讫。

（3）自B地乙矿业企业购买黏土原矿600吨，取得增值税专用发票上注明的金额300000元，税额39000元。与自采黏土原矿200吨混合加工成黏土原矿800吨，当月全部销售，取得不含税销售额420000元。

（4）以自采黏土原矿400吨偿付某企业所欠货款，取得增值税专用发票注明的价款240000元，税额31200元。

（5）当月出口自产水泥配料用黏土2000吨，离岸价1500元/吨（人民币）。

（6）向乙企业销售自用的配有固定装置的非运输专用作业车，取得不含税销售收入30900元，已开具增值税专用发票。该车辆为2019年8月购入且用于职工福利项目，不含税购置价款160000元，未抵扣进项税额，属于免税范围未缴纳车辆购置税。乙企业购入后将其改装为运输车辆。

已知：上期增值税留抵税额为324807元，A地黏土原矿和水泥配料用黏土的资源税税率分别为3%和4%，水泥配料用黏土的增值税出口退税率为13%，取得的合法抵扣凭证已在当期申报抵扣。

要求：根据上述资料，回答下列问题。

1. 甲公司出口水泥配料用黏土应退增值税（　　）元。
   A. 390000　　　　　B. 116807　　　　　C. 273193　　　　　D. 115907

解析　当期一般计税方法应纳增值税 = 1880000 × 13% + 420000 × 13% + （1880000 - 80000）/3000 × 400 × 13% - （39000 + 13000 + 39000 + 31200）- 324807 = -116807元

当期免抵退税额 = 1500 × 2000 × 13% = 390000元

当期应退税额为116807元，免抵税额 = 390000 - 116807 = 273193元。

【答案】 B

2. 甲公司当月出口水泥配料用黏土应缴纳资源税（　　）元。
   A. 90000　　　　　B. 84000　　　　　C. 0　　　　　D. 120000

解析　出口应纳资源税 = 1500 × 2000 × 4% × （1 - 30%） = 84000元

【答案】 B

3. 业务（3）甲公司应当申报缴纳资源税（　　）元。
   A. 5760　　　　　B. 4800　　　　　C. 2520　　　　　D. 3600

解析　应纳资源税 = （420000 - 300000）× 3% × （1 - 30%） = 2520元

衰竭期矿山是指设计开采年限超过15年，且剩余可采储量下降到原设计可采储量的20%以下或者剩余开采年限不超过5年的矿山。从衰竭期矿山开采的矿产品，减征30%资源税。

【答案】 C

4. 甲公司当月应当申报缴纳资源税（　　）元。
   A. 129360　　　　　B. 151200　　　　　C. 187200　　　　　D. 113400

解析　业务（2）应纳资源税 = （1880000 - 80000）× 3% × （1 - 30%） = 37800元

业务（4）应纳资源税 = 240000 × 3% × （1 – 30%） = 5040 元
当月应纳资源税 = 37800 + 2520 + 5040 + 84000 = 129360 元

【答案】A

5. 乙企业应缴纳车辆购置税（　　）元。
A. 16000　　　　　B. 1800　　　　　C. 9600　　　　　D. 3000

解析　应纳税额 = 初次办理纳税申报时确定的计税价格 × （1 – 使用年限 × 10%） × 10% = 160000 × （1 – 4 × 10%） × 10% = 9600 元

免税、减税车辆因转让、改变用途等原因不再属于免税、减税范围的，纳税人应当在办理车辆转移登记或者变更登记前缴纳车辆购置税。计税价格以免税、减税车辆初次办理纳税申报时确定的计税价格为基准，每满一年扣减10%。使用年限取整计算，不满一年的不计算在内，使用满10年，无需纳税。

【答案】C

6. 下列关于甲公司税务处理的表述，正确的有（　　）。
A. 当期出口水泥配料用黏土增值税免抵税额为273193元
B. 水泥配料用黏土出口环节不退资源税
C. 已办理免税手续的车辆因转让不再属于免税范围的，受让人为车辆购置税纳税人
D. 销售黏土同时收取的从坑口到购买方指定码头的运费，应同时计算缴纳增值税和资源税
E. 甲公司转让已使用的车辆应缴纳增值税600元

解析　选项C，发生转让行为的，受让人为车辆购置税纳税人，未发生转让行为的，车辆所有人为车辆购置税纳税人。选项D，销售黏土同时收取的从坑口到购买方指定码头的运费取得了增值税普通发票，不作为资源税的计税依据。选项E，一般纳税人销售自己使用过的不得抵扣且未抵扣进项的固定资产，已开具增值税专用发票，说明放弃了3%减按2%的减税优惠，按照3%征收增值税。

应缴纳增值税 = 30900/ （1 + 3%） × 3% = 900 元

【答案】ABC

【综合分析题】某石化生产企业为增值税一般纳税人，非小型微利企业，该企业原油生产成本为1400元/吨，最近时期同类原油的平均不含税销售单价为1650元/吨，2024年6月生产经营业务如下：（题中涉及原油均为同类同质原油）

（1）开采原油8万吨，采用直接收款方式销售原油5万吨，取得不含税销售额8250万元。
（2）6月销售原油1.5万吨，取得含税销售额2800万元。
（3）将开采的原油1.2万吨对外投资，取得10%的股份，开采原油过程中加热用原油0.3万吨，另用开采的同类原油2万吨送非独立炼油部门加工生产成品油。
（4）销售汽油0.1万吨，取得不含税销售额400万元。
（5）购置炼油机器设备，取得增值税专用发票，注明税额19.5万元，支付运输费用取

得增值税专用发票，注明税额 0.27 万元。

已知：原油成本利润率 10%，资源税税率 6%，汽油 1 吨 = 1388 升，消费税税率 1.52 元/升，本月取得的相关凭证均符合税法规定，并在当期抵扣进项税额。

根据上述资料，回答下列问题：

1. 关于上述业务税务处理，下列说法中正确的有（　　）。
   A. 将原油移送用于生产加工成品油不征增值税
   B. 将原油移送用于生产加工成品油不征资源税
   C. 开采原油过程中用于加热的原油免征资源税
   D. 将开采的原油对外投资应征增值税和资源税
   E. 销售汽油征收增值税不征收资源税

   解析 成品油不征收资源税，将原油移送用于生产成品油，属于用资源税应税产品连续生产非应税产品，在移送环节征收资源税。其他选项均正确。
   【答案】ACDE

2. 业务（1）应纳资源税（　　）万元。
   A. 495.56　　　　B. 495.48　　　　C. 792.48　　　　D. 495.00

   解析 业务（1）应纳资源税 = 8250 × 6% = 495 万元
   【答案】D

3. 业务（2）应纳资源税（　　）万元。
   A. 148.67　　　　B. 168.00　　　　C. 174.24　　　　D. 0

   解析 业务（2）应纳资源税 = 2800 /（1 + 13%）× 6% = 148.67 万元
   【答案】A

4. 业务（3）应纳资源税（　　）万元。
   A. 316.80　　　　B. 304.92　　　　C. 326.70　　　　D. 118.80

   解析 业务（3）应纳资源税 =（1.2 + 2）× 1650 × 6% = 316.80 万元
   【答案】A

5. 该企业当月应纳消费税（　　）万元。
   A. 2531.71　　　　B. 1687.81　　　　C. 2742.69　　　　D. 210.98

   解析 业务（4）应纳消费税 = 0.1 × 1 × 1388 × 1.52 = 210.98 万元
   成品油消费税是从量计征，计税依据是实际销售数量，不是销售金额。
   【答案】D

6. 该企业当月应纳增值税（　　）万元。
   A. 1726.13　　　　B. 1740.69　　　　C. 1684.25　　　　D. 2178.14

解析 应纳增值税 =（8250 + 2800/1.13 + 1.2 × 1650 + 400）× 13% − 19.5 − 0.27 = 1684.25 万元

业务（3）移送加工成品油的原油，移送过程不需要缴纳增值税，最终对外销售成品油时缴纳增值税。

【答案】C

第七章 车辆购置税

■ 考情分析

1. 重要程度：本章节属于本书次重要章节，分值在5~10分之间。

2. 考查题型：结合近5年经典题，通常以单选题、多选题、计算分析题的形式进行考查。

■ 考点分布

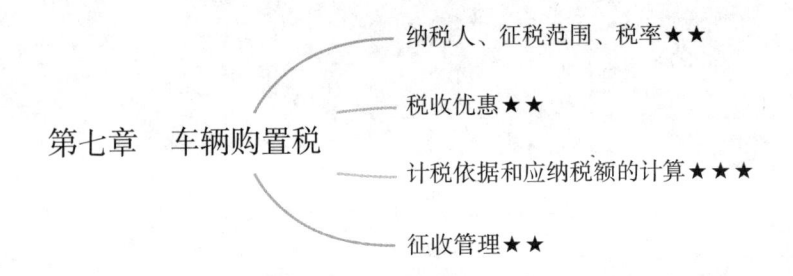

第七章 车辆购置税
- 纳税人、征税范围、税率★★
- 税收优惠★★
- 计税依据和应纳税额的计算★★
- 征收管理★★

高频考点·纳税人、征税范围、税率★★

【单选题】下列关于车辆购置税的说法，正确的是（ ）。

A. 属于价内税　　　　　　　　B. 属于地方税

C. 实行一次性课税制度　　　　D. 实行差别征税率

解析　本题考查车辆购置税特点及税率。选项A，采取价外征收，不属于价内税。选项B，属于中央政府固定收入。选项D，实行统一比例税率，税率为10%。

【答案】C

【多选题】下列行为应缴纳车辆购置税的有（ ）。

A. 获奖自用应税小汽车　　　　B. 自产自用应税小汽车

C. 自产自用汽车挂车　　　　　D. 购买自用电动摩托车

E. 受赠自用应税小汽车

解析　本题考查车辆购置税征税范围。选项D，不属于车辆购置税征税范围。

【答案】ABCE

【多选题】根据车辆购置税的相关规定，下列说法正确的有（ ）。

A. 进口自用应税车辆的计税依据为组成计税价格

B. 直接进口自用应税车辆的，应缴纳车辆购置税

C. 在境内销售应税车辆的，应缴纳车辆购置税
D. 将已税车辆退回生产企业的，纳税人可申请退税
E. 受赠应税车辆的，捐赠方是车辆购置税纳税人

解析 选项C，购买使用国产应税车辆和购买自用进口应税车辆应缴纳车辆购置税，销售方无需缴纳。选项E，受赠人在接受自用车辆（包括接受免税车辆）后，就发生了应税行为，就要承担纳税义务。

【答案】 ABD

【多选题】 下列关于车辆购置税的说法中，错误的有（　　）。
A. 车辆购置税属于直接税范畴　　　　B. 车辆购置税实行比例税率
C. 外国公民在中国境内购置应税车辆免税　　D. 受赠使用的新车需要缴纳车辆购置税
E. 车辆购置税为中央地方共享税，征税具有专门用途

解析 选项C，车辆购置税是以在中国境内购置规定车辆为课税对象、在特定的环节向车辆购置者征收的一种税。外国公民在中国境内购置应税车辆要正常交税。选项E，车辆购置税为中央税，它取之于应税车辆，用之于交通建设，其征税具有专门用途。

【答案】 CE

【多选题】 下列车辆属于车辆购置税征税范围的有（　　）。
A. 轻轨　　　　B. 大客车　　　　C. 地铁
D. 汽车挂车　　E. 排气量250毫升的摩托车

解析 车辆购置税的应税车辆包括汽车、有轨电车、汽车挂车、排气量超过150毫升的摩托车。地铁、轻轨等城市轨道交通车辆，装载机、平地机、挖掘机、推土机等轮式专用机械车，以及起重机（吊车）、叉车、电动摩托车，不属于应税车辆。

【答案】 BDE

拓展 车辆购置税纳税人、征税范围、税率总结

纳税义务人	在我国境内购置应税车辆的单位和个人（购置是指购买、进口、自产、受赠、获奖或者其他方式取得并自用应税车辆的行为）
征税范围	（1）包括：汽车、有轨电车、汽车挂车、排气量超过150毫升的摩托车。 （2）不包括：地铁、轻轨等城市轨道交通车辆，装载机、平地机、挖掘机、推土机等轮式专用机械车，以及起重机（吊车）、叉车、电动摩托车
税率	10%

高频考点 · 税收优惠 ★★

【多选题】 下列车辆免征车辆购置税的有（　　）。
A. 城市公交企业购置的公共汽电车辆

B. 2024 年购置的不含税价 30 万元的新能源乘用车

C. 有轨电车

D. 回国服务的留学人员用现汇购买 1 辆个人自用进口小汽车

E. 消防部门用于工程指挥的指定型号车辆

解析 选项 C，没有免征车辆购置税的规定。选项 D，回国服务的在外留学人员用现汇购买 1 辆个人自用国产小汽车免征车辆购置税。

【答案】ABE

【多选题】下列车辆中，可以享受车辆购置税减免税政策的有（　　）。

A. 中国妇女发展基金会"母亲健康快车"项目的流动医疗车

B. 依照法律规定应当予以免税的外国驻华使馆、领事馆和国际组织驻华机构及其有关人员自用的车辆

C. 回国服务的留学人员用现汇购买 1 辆个人自用进口小汽车

D. 城市公交企业购置的办公用小汽车

E. 符合规定的国际组织驻华机构自用车辆

解析 选项 C，回国服务的留学人员用现汇购买 1 辆个人自用国产小汽车，免征车辆购置税。选项 D，城市公交企业购置的公共汽电车辆免税。

【答案】ABE

【单选题】下列行为中，不免征车辆购置税的是（　　）。

A. 回国服务的在外留学人员用现汇购买 1 辆个人自用国产小汽车

B. 防汛部门报汛的由指定厂家生产的设有固定装置的指定型号的车辆

C. 长期来华定居专家进口 1 辆自用小汽车

D. 购置汽车挂车自用

解析 自 2018 年 7 月 1 日至 2027 年 12 月 31 日，对购置挂车减半征收车辆购置税。选项 ABC，均免征车辆购置税。

【答案】D

【单选题】下列行为中，免征车辆购置税的是（　　）。

A. 某市公交企业购置自用小轿车

B. 来华留学人员用现汇购买 1 辆自用国产小汽车

C. 某国驻华使馆进口自用小汽车

D. 某物流企业购买设有固定装置的运输专用车

解析 选项 A，城市公交企业购置的公共汽电车辆免征车辆购置税。选项 B，回国服务的在外留学人员用现汇购买 1 辆个人自用国产小汽车免征车辆购置税，来华留学人员不享受该税收优惠政策。选项 D，设有固定装置的非运输专用作业车辆免税，运输车辆不享受该优惠政策。

【答案】C

【单选题】2024 年 11 月，某市消防中队凭中华人民共和国应急管理部批准的相关文件进口一辆列入《消防救援装备进口免税目录》的消防救援车自用，关税完税价 100 万元，关税税率 3%，该车辆进口时向海关提供了国家消防救援局出具的《国家综合性消防救援队伍进口消防救援装备确认表》，该车应缴纳关税、进口增值税、车辆购置税共计（　　）万元。

A. 23.69　　　　B. 13.39　　　　C. 13　　　　D. 0

解析　自 2023 年 1 月 1 日至 2025 年 12 月 31 日，对国家综合性消防救援队伍进口国内不能生产或性能不能满足需求的消防救援装备，免征关税和进口环节增值税、消费税。享受免税政策的装备列入《消防救援装备进口免税目录》，该目录由财政部会同海关总署、国家税务总局、国家消防救援局、工业和信息化部适时调整。国家消防救援局出具《国家综合性消防救援队伍进口消防救援装备确认表》，凭表办理进口免税手续。悬挂应急救援专用号牌的国家综合性消防救援车辆，提供中华人民共和国应急管理部批准的相关文件，免征车辆购置税。

【答案】 D

【多选题】下列车辆中，可以享受车辆购置税免税政策的有（　　）。

A. 森林消防部门专用指挥车
B. 中国妇女发展基金会"母亲健康快车"项目的流动医疗车
C. 回国服务的留学人员用现汇购买 1 辆自用进口小汽车
D. 购置日期在 2024 年 11 月的新能源乘用车
E. 依照法律规定应当予以免税的国际组织驻华机构及其有关人员自用的车辆

解析　选项 C，回国服务的留学人员用现汇购买 1 辆个人自用国产小汽车，免征车辆购置税。

选项 D，新能源汽车减免税：

（1）对购置日期在 2023 年 1 月 1 日至 2023 年 12 月 31 日期间的新能源汽车，免征车辆购置税。

（2）对购置日期在 2024 年 1 月 1 日至 2025 年 12 月 31 日期间的新能源汽车免征车辆购置税，其中，每辆新能源乘用车免税额不超过 3 万元。

（3）对购置日期在 2026 年 1 月 1 日至 2027 年 12 月 31 日期间的新能源汽车减半征收车辆购置税，其中，每辆新能源乘用车减税额不超过 1.5 万元。

【答案】 ABE

【单选题】肖女士于 2024 年 11 月购买了一辆《减免车辆购置税的新能源汽车车型目录》所列示的新能源乘用车，开具的机动车销售统一发票上注明不含税销售价格为 50 万元。该车辆应缴纳车辆购置税（　　）万元。

A. 5　　　　B. 3　　　　C. 0　　　　D. 2

解析　减免前应纳税额 = 50 × 10% = 5 万元，免税限额为 3 万元，超过免税限额，因此肖女士实际应缴纳车辆购置税 = 5 - 3 = 2 万元。

【答案】 D

拓展　车辆购置税税收优惠总结

税收优惠	法定减免税	(1) 外国驻华使馆、领事馆和国际组织驻华机构及其外交人员自用车辆，免税。 (2) 中国人民解放军和中国人民武装警察部队列入军队武器装备订货计划的车辆，免税。 (3) 悬挂应急救援专用号牌的国家综合性消防救援车辆，免税。 (4) 设有固定装置的非运输专用作业车辆，免税。 (5) 城市公交企业购置的公共汽电车辆，免税
税收优惠	其他减免税	(1) 回国服务的在外留学人员用现汇购买1辆个人自用国产小汽车，免税。 (2) 长期来华定居专家进口1辆自用小汽车，免税。 (3) 防汛部门和森林消防部门用于指挥、检查、调度、报汛（警）、联络的由指定厂家生产的设有固定装置的指定型号的车辆，免税。 (4) 中国妇女发展基金会"母亲健康快车"项目的流动医疗车，免税。 (5) 原公安现役部队和原武警黄金、森林、水电部队改制后换发地方机动车牌证的车辆，一次性免税。 (6) 自2018年7月1日至2027年12月31日，对购置挂车减半征收。 (7) 新能源汽车： ① 对购置日期在2023年1月1日至2023年12月31日期间的新能源汽车，免征车辆购置税。 ② 对购置日期在2024年1月1日至2025年12月31日期间的新能源汽车，免征车辆购置税，其中，每辆新能源乘用车免税额不超过3万元。 ③ 对购置日期在2026年1月1日至2027年12月31日期间的新能源汽车，减半征收车辆购置税，其中，每辆新能源乘用车减税额不超过1.5万元

高频考点·计税依据和应纳税额的计算★★★

【单选题】2023年10月，某建筑公司购置推土机和汽车挂车各一辆，均取得机动车销售统一发票，注明金额分别是150000元、250000元。该公司应纳车辆购置税（　　）元。

A. 40000　　　　　B. 25000　　　　　C. 20000　　　　　D. 12500

解析　推土机不属于车辆购置税征税范围，自2018年7月1日至2027年12月31日，对购置挂车减半征收车辆购置税。

该公司应纳车辆购置税 = 250000 × 10% × 50% = 12500元

【答案】D

【多选题】对于购买自用的应税车辆，下列不计入车辆购置税计税价格组成部分的有（　　）。

A. 购买车辆支付给销售者的不含增值税的全部价款　　　　B. 增值税
C. 消费税　　　　　D. 印花税　　　　　E. 车船税

解析　纳税人购买自用的应税车辆，计税价格为纳税人购买应税车辆而实际支付给销售者的全部价款（不包括增值税税款）。

【答案】BDE

【单选题】关于车辆购置税的计税依据，下列说法正确的是（   ）。
A. 受赠自用应税车辆的计税依据为组成计税价格
B. 进口自用应税车辆的计税依据为组成计税价格
C. 购买自用应税车辆的计税依据为支付给销售者的含增值税的价款
D. 获奖自用应税车辆的计税依据为组成计税价格

解析　选项AD，纳税人以受赠、获奖或其他方式取得自用应税车辆的计税价格，按照购置应税车辆时相关凭证载明的价格确定，不包括增值税税款。无法提供相关凭证的，参照同类应税车辆市场平均交易价格确定其计税价格。选项C，购买自用应税车辆的计税依据为纳税人实际支付给销售者的全部价款，不含增值税税款。选项B，进口自用应税车辆的计税依据为组成计税价格，组成计税价格=（关税计税价格+关税）/（1-消费税税率），因此选项B正确。

【答案】B

【多选题】纳税人进口应税车辆自用，应计入车辆购置税计税依据的有（   ）。
A. 运抵我国输入地点起卸前的运费
B. 进口消费税
C. 进口关税
D. 应税车辆成交价格
E. 进口增值税

解析　进口自用应税车辆计税依据=（关税计税价格+关税）/（1-消费税税率）=关税计税价格+关税+消费税

公式中，关税计税价格是指海关核定的此类车型关税计税价格，关税是指由海关课征的进口车辆的关税。关税计税价格包括运抵我国输入地点起卸前的运费。

【答案】ABCD

【单选题】肖某2024年5月从汽车经销商（一般纳税人）处购买一辆小汽车自用，取得《机动车销售统一发票》，注明含增值税价款99800元。另支付车辆装饰费1500元，并取得增值税普通发票。肖某应纳车辆购置税（   ）元。
A. 9185.84　　　　B. 8947.22　　　　C. 9230.09　　　　D. 8831.86

解析　支付的车辆装饰费为价外费用，不计入计税价格中计税。
肖某应纳车辆购置税=99800/1.13×10%=8831.86元

【答案】D

【单选题】甲企业为增值税一般纳税人，2024年3月购进乘用车10辆用于经营管理（其中1辆为新能源乘用车，1辆为新能源货车），取得机动车销售统一发票注明金额20万元/辆；购进中型商用客车5辆，取得机动车销售统一发票注明金额40万元/辆，其中3辆作为员工班车。甲企业当月应缴纳车辆购置税（   ）万元。
A. 32　　　　　　B. 24　　　　　　C. 36　　　　　　D. 40

解析 当月应缴纳车辆购置税 = 20×（10 - 2）×10% + 40×5×10% = 36 万元

新能源乘用车限额减征 3 万元，该车未超过限额，所以可以全部减免，新能源货车直接免征，计算时按（10 - 2）辆。

【答案】 C

【单选题】 某 4S 店 2024 年 11 月进口 4 辆商务车，海关核定的关税计税价格为 40 万元/辆，当月销售 2 辆，开具机动车统一销售发票注明金额 80 万元/辆，1 辆作为样车放置在展厅待售，1 辆作为试驾车。该 4S 店应纳车辆购置税（　　）万元。（商务车关税税率为 25%，消费税税率 12%）

A. 5.48　　　　　B. 5.60　　　　　C. 5.68　　　　　D. 17.04

解析 进口销售、待售的车辆不缴纳车辆购置税，进口自用的需要征收车辆购置税。

该 4S 店应纳车辆购置税 = 40×（1 + 25%）/（1 - 12%）×1×10% = 5.68 万元

【答案】 C

【单选题】 A 国驻华使馆进口一辆中轻型商用客车自用，关税计税价格 130 万元，关税税率 20%，消费税税率 5%，关于进口商用客车的税务处理正确的是（　　）。（中轻型商用客车消费税税率 5%）

A. 应缴纳车辆购置税 16.42 万元　　　　B. 应缴纳进口环节消费税 4.5 万元
C. 应缴纳进口环节消费税 8.21 万元　　　D. 应缴纳进口环节消费税 24.63 万元

解析 选项 A，依照法律规定应当予以免税的外国驻华使馆、领事馆和国际组织驻华机构及其有关人员自用车辆免征车辆购置税。自 2016 年 12 月 1 日起，对我国驻外使领馆工作人员、外国驻华机构及人员、非居民常住人员、政府间协议规定等应税（消费税）进口自用，且计税价格 130 万元及以上的超豪华小汽车消费税，按照生产（进口）环节税率和零售环节税率（10%）加总计算，由海关代征。选项 BCD，应缴纳的进口环节消费税 = 130×（1 + 20%）/（1 - 5%）×（5% + 10%）= 24.63 万元。

【答案】 D

【多选题】 某汽车贸易公司 2024 年 5 月从甲汽车制造厂购进汽缸容量为 3.6 升的小汽车 20 辆（消费税税率 25%），不含税价格为 40 万元/辆。该贸易公司本月销售 12 辆，平均含税销售收入 58.76 万元/辆，最高含税销售收入 60 万元/辆，以 1 辆小汽车抵偿乙企业的债务。根据债务重组合同规定，按贸易公司平均对外销售价格抵偿乙企业的债务，并开具机动车销售发票，乙企业办理完上牌手续后次月将车辆以 55 万元含税价（价格公允）转售给员工肖某，在二手车交易市场开具了发票并办理了过户手续。对上述业务的税务处理正确的有（　　）。

A. 甲汽车制造厂应缴纳消费税 200 万元
B. 乙企业债务重组取得的小汽车应缴纳车辆购置税 5.2 万元
C. 贸易公司销售小汽车应缴纳消费税 62.4 万元
D. 肖某需要缴纳车辆购置税 4.86 万元
E. 乙企业销售债务重组取得的车辆应缴纳增值税 0.27 万元

解析 选项 A，甲汽车制造厂销售小汽车应纳的消费税 = 20×40×25% = 200 万元。

选项 B，乙企业债务重组取得的小汽车应缴纳车辆购置税 = 58.76/（1+13%）×10% = 5.2 万元。

选项 C，小汽车在生产销售环节纳税，贸易公司不需要再缴纳消费税，选项 C 错误。

选项 D，车辆购置税一次课征，乙企业已缴纳车辆购置税，肖某购置已税车辆不再缴纳车辆购置税。

选项 E，乙企业不是二手车交易公司，不适用二手车政策。乙企业销售其已上牌车辆属于销售自己使用过的固定资产，适用税率 13%。

销项税额 = 55/（1+13%）×13% = 6.33 万元。

【答案】 AB

【单选题】 某企业 2021 年 2 月购置一辆小汽车，支付车辆购置税 10000 元，在 2024 年 3 月因车辆质量问题退回，则应退还车辆购置税（　　）元。

A. 10000　　　　　　B. 8000　　　　　　C. 0　　　　　　D. 7000

解析 纳税人将已征车辆购置税的车辆退回车辆生产企业或者销售企业的，可以向主管税务机关申请退还车辆购置税。退税额以已缴税款为基准，自缴纳税款之日至申请退税之日，每满一年扣减 10%，使用年限取整计算，不满一年的不计算在内。

举例：3 年 1 个月和 3 年 11 个月，都算 3 年。

应退税额 = 已纳税额 ×（1 - 使用年限 × 10%）

本题 2021 年 2 月缴纳税款，至 2024 年 3 月，满 3 年不足 4 年，应退车辆购置税税额 = 10000 ×（1 - 3 × 10%）= 7000 元。

【答案】 D

【单选题】 2024 年 3 月因质量问题张某将 2024 年 1 月购置的小汽车退回，汽车在购置当月已纳车辆购置税 3 万元，张某向税务机关申请退税并提交资料，可退车辆购置税（　　）万元。

A. 2.4　　　　　　B. 0　　　　　　C. 2.7　　　　　　D. 3

解析 退税额以已缴税款为基准，自纳税人缴纳税款之日起，至申请退税之日，每满一年扣减 10%。

【答案】 D

【单选题】 某外国专家 2022 年 1 月进口一辆市场价格 30 万元（不含增值税）的车辆自用，购置时提供国家外国专家局核发的专家证，因符合免税条件而未缴纳车辆购置税。2024 年 9 月将其转让给任某，售价 18 万元，转让时，下列说法正确的是（　　）。

A. 外国专家需要缴纳车辆购置税 2.4 万　　B. 任某需要缴纳车辆购置税 2.4 万

C. 外国专家需要缴纳增值税 0.35 万　　　　D. 纳税义务发生时间车辆转让次日

解析 选项 AB，发生转让行为的，受让人为车辆购置税纳税人，应纳车辆购置税 30 ×（1 - 2 × 10%）× 10% - 已纳税额 = 2.4 万元。选项 C，个人销售自己使用过的物品，免征增值税。

选项 D，减免税条件消失车辆纳税义务发生时间为车辆转让或者用途改变等情形发生之日。

【答案】B

拓展　车辆购置税计税依据、应纳税额总结

购买自用应税车辆	（1）计税价格＝全部价款/（1＋增值税税率或征收率） （2）应纳税额＝计税依据×税率	
进口自用应税车辆	（1）组成计税价格＝关税计税价格＋关税＋消费税 （2）应纳税额＝（关税计税价格＋关税＋消费税）×税率	
自产自用应税车辆	（1）生产的同类应税车辆的销售价格确定。 （2）组成计税价格＝成本×（1＋成本利润率）/（1－消费税税率）	
受赠、获奖或其他方式取得并自用应税车辆	（1）原车辆所有人购置或以其他方式取得	① 购置应税车辆时相关凭证载明的价格。 ② 参照同类应税车辆市场平均交易价格
	（2）原车辆所有人为车辆生产或者销售企业	① 未开具机动车销售统一发票的，按车辆生产或者销售同类应税车辆的销售价格。 ② 组成计税价格
车辆购置税的补税、退税规定	（1）补税	① 纳税义务人发生转让行为：受让人；纳税义务人未发生转让行为：车辆所有人。 ② 纳税义务发生时间：车辆转让或者用途改变等情形发生之日。 ③ 应纳税额＝初次办理纳税申报时确定的计税价格×（1－使用年限×10%）×10%－已纳税额
	（2）退税	① 适用情形：已征车辆购置税的车辆退回车辆生产企业或者销售企业。 ② 应退税额＝已纳税额×（1－使用年限×10%）

使用年限是指自纳税人初次办理纳税申报之日起，直到不再属于免税、减税范围的情形发生之日止。使用年限取整计算，不满 1 年的不计算在内

高频考点·征收管理★★

【多选题】下列关于车辆购置税的处理，说法正确的有（　　）。

A. 符合免税条件的，也需要填报《车辆购置税纳税申报表》

B. 实行一次性征收，一车一申报制度

C. 无需办理车辆登记的车辆，向车辆销售所在地主管税务机关申报纳税

D. 自纳税义务发生之日起 15 日内缴税

E. 纳税义务发生时间为纳税人办理车辆注册登记之日

解析 选项 C，不需要办理车辆登记的，单位纳税人向其机构所在地的主管税务机关申报纳税，个人纳税人向其户籍所在地或者经常居住地的主管税务机关申报纳税。选项 D，纳税人应当自纳税义务发生之日起 60 日内申报缴纳车辆购置税。选项 E，车辆购置税的纳税义务发生时间为纳税人购置应税车辆的当日。

【答案】AB

【多选题】关于车辆购置税的说法，正确的有（　　）。
A. 自纳税义务发生之日起 30 日内申报缴纳车辆购置税
B. 纳税地点为车辆销售地的主管税务机关
C. 车辆购置税为地方税
D. 城市公交企业购置的公共汽电车免征车辆购置税
E. 购买已税二手车无需缴纳车辆购置税

解析 选项 A，自纳税义务发生之日起 60 日内申报缴纳车辆购置税。选项 B，纳税人购置应税车辆，需要办理车辆登记的，向车辆登记地的主管税务机关申报纳税。不需要办理车辆登记的，单位纳税人向其机构所在地的主管税务机关申报纳税，个人纳税人向其户籍所在地或者经常居住地的主管税务机关申报纳税。选项 C，车辆购置税为中央税。

【答案】DE

【多选题】根据车辆购置税规定，下列说法正确的有（　　）。
A. 将已纳车辆购置税的车辆退回车辆生产企业，可以申请退税
B. 已办理免税手续的车辆不再属于免税范围的需纳税
C. 不需要办理车辆登记的单位纳税人向机构所在地主管税务机关纳税
D. 纳税义务发生时间为纳税人购置应税车辆的次日
E. 悬挂应急救援专用号牌的国家综合性消防救援车辆免税

解析 选项 D，车辆购置税的纳税义务发生时间为纳税人购置应税车辆的当日。

【答案】ABCE

【单选题】需要办理车辆登记的应税车辆，车辆购置税的纳税地点是（　　）。
A. 纳税人所在地的主管税务机关
B. 车辆登记地的主管税务机关
C. 车辆经销企业所在地的主管税务机关
D. 车辆使用所在地的主管税务机关

解析 纳税人购置应税车辆，需要办理车辆登记的，向车辆登记地的主管税务机关申报纳税。

【答案】B

第八章 环境保护税

■ 考情分析

1. 重要程度：本章节属于本书次重要章节，分值在 5~8 分之间。
2. 考查题型：结合近 5 年经典题，通常以单选题、多选题、计算分析题的形式进行考查。

■ 考点分布

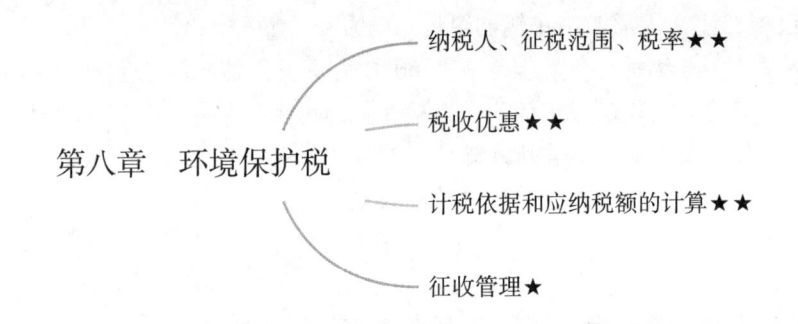

第八章 环境保护税
- 纳税人、征税范围、税率★★
- 税收优惠★★
- 计税依据和应纳税额的计算★★
- 征收管理★

高频考点· 纳税人、征税范围、税率★★

【单选题】下列属于环境保护税征税范围的是（　　）。
A. 建筑施工的噪声
B. 厨余垃圾
C. 氢气
D. 危险废物

解析　选项 A，目前征收环境保护税的噪声只有工业噪声。选项 BC，厨余垃圾和氢气不属于环境保护税征税范围，不征收环境保护税。

【答案】D

【多选题】关于环境保护税，下列说法正确的有（　　）。
A. 环境保护税纳税人不包括家庭和个人
B. 固体废弃物和噪声实行统一定额税制，大气和水污染物实行浮动比例税制
C. 机动车和船舶排放的应税污染物暂免征收环境保护税
D. 企业向依法设立的污水集中处理场所排放污染物的，不属于直接向环境排放污染物
E. 环境保护税收入全部归地方

解析　选项 B，固体废弃物和噪声实行的是全国统一的定额税制，对于大气和水污染物实行各省浮动定额税制，既有上限，又有下限。

【答案】ACDE

第八章 环境保护税

【多选题】下列应征收环境保护税的有（ ）。
A. 建筑噪声
B. 餐饮业排放污水
C. 医院排放污水
D. 家庭丢弃厨余垃圾
E. 工厂向依法设立的污水集中处理中心排放污水

解析 选项A，环境保护税税目中的噪声是指工业噪声，不包括建筑噪声。选项BC，属于水污染物中畜禽养殖业、小型企业、第三产业水污染物。选项D，政府机关、家庭和个人即便有排放污染物的行为，不属于企业事业单位和其他生产经营者，也不属于环境保护税的纳税人。选项E，企业事业单位和其他生产经营者向依法设立的污水集中处理、生活垃圾集中处理场所排放应税污染物的，不征税。

【答案】BC

【单选题】下列情形中，应缴纳环境保护税的是（ ）。
A. 企业向依法设立的污水集中处理场所排放应税污染物
B. 个体户向依法设立的生活垃圾集中处理场所排放应税污染物
C. 事业单位在符合国家环境保护标准的设施内储存固体废物
D. 企业在不符合地方环境保护标准的场所处置固体废物

解析 选项D，企业事业单位和其他生产经营者储存或者处置固体废物不符合国家和地方环境保护标准的，应纳税。

【答案】D

拓展 根据环境保护税的规定，有下列情形之一的，不属于直接向环境排放污染物，不缴纳相应污染物的环境保护税：
（1）企业事业单位和其他生产经营者向依法设立的污水集中处理、生活垃圾集中处理场所排放应税污染物的。
（2）企业事业单位和其他生产经营者在符合国家和地方环境保护标准的设施、场所储存或者处置固体废物的。
（3）畜禽养殖场依法对畜禽养殖废弃物进行综合利用和无害化处理的。

【单选题】下列应税固体废物需要缴纳环境保护税的是（ ）。
A. 畜禽养殖企业排放未经无害化处理的畜禽养殖污染物
B. 企业在依法设立的污染物集中处理场所排放应税污染物
C. 铁路机车排放应税污染物
D. 家庭和个人的生活垃圾

解析 畜禽养殖场依法对畜禽养殖废弃物进行综合利用和无害化处理的，不征收环境保护税。未经无害化处理的畜禽养殖污染物，应依法缴纳环境保护税。

【答案】A

【单选题】下列关于环境保护税计税依据确定方法的表述中，符合税法规定的是（ ）。
A. 应税噪声按照实际产生的分贝数确定

149

B. 应税水污染物按照污染物排放量确定
C. 应税固体废物按照污染物排放量确定
D. 应税大气污染物按照污染物排放量确定

解析 应税污染物的计税依据，按照下列方法确定：
（1）应税大气污染物按照污染物排放量折合的污染当量数确定。
（2）应税水污染物按照污染物排放量折合的污染当量数确定。
（3）应税固体废物按照固体废物的排放量确定。
（4）应税噪声按照超过国家规定标准的分贝数确定。

【答案】 C

拓展 环境保护税纳税人、征税范围、税率总结

环境保护税的纳税义务人和征税范围	（1）纳税义务人	中华人民共和国领域及其管辖的其他海域直接向环境排放应税污染物的企业事业单位和其他生产经营者（政府机关、家庭和不从事生产经营的个人不属于环境保护税纳税人）
	（2）属于直接排放，应当缴纳	① 依法设立的城乡污水集中处理、生活垃圾集中处理场所超过国家和地方规定的排放标准向环境排放应税污染物的。 ② 企业事业单位和其他生产经营者储存或者处置固体废物不符合国家和地方环境保护标准的。 ③ 达到省级人民政府确定的规模标准并且有污染物排放口的畜禽养殖场
	（3）不属于直接排放，无需缴纳	① 向依法设立的污水集中处理、生活垃圾集中处理场所排放应税污染物的。 ② 在符合国家和地方环境保护标准的设施、场所储存或者处置固体废物的。 ③ 达到省级人民政府确定的规模标准并且有污染物排放口的畜禽养殖场，依法对畜禽养殖废弃物进行综合利用和无害化处理的
税目	（1）大气污染物	二氧化硫、氮氧化物、一氧化碳、一般性粉尘、烟尘、二硫化碳。 提示： ① 不包括温室气体二氧化碳。 ② 燃烧产生废气中的颗粒物，按照烟尘征收环境保护税
	（2）水污染物	① 总汞、总铬、六价铬、总铅等。 ② pH值酸碱度失衡、色度变化、大肠菌群数超标或余氯量超标造成的污染。 ③ 畜禽养殖业、小型企业、饮食娱乐服务业、医院等因素造成的污染
	（3）固体废物	煤矸石、尾矿、危险废物、冶炼渣、粉煤灰、炉渣、其他固体废物（含半固态、液态废物）
	（4）噪声	工业噪声

税率	（1）大气污染物	① 计税单位：每污染当量。
	（2）水污染物	② 税额：浮动定额税率
	（3）固体废物	① 计税单位：每吨。 ② 税额：统一定额税率
	（4）噪声	① 计税单位：超标分贝。 ② 税额：统一定额税率

高频考点 · 税收优惠★★

【多选题】下列情形中，免征环境保护税的有（　　）。
A. 规模化养殖企业排放的污染物
B. 印刷厂达标排放的污染物
C. 船舶排放的污染物
D. 污水处理厂超标排放的污染物
E. 煤矿将煤矸石综合利用于火电项目（符合环保标准）

解析 下列情形，暂予免征环境保护税：
（1）农业生产（不包括规模化养殖）排放应税污染物的。
（2）机动车、铁路机车、非道路移动机械、船舶和航空器等流动污染源排放应税污染物的。
（3）依法设立的城乡污水集中处理、生活垃圾集中处理场所排放相应应税污染物，不超过国家和地方规定的排放标准的。
（4）纳税人综合利用的固体废物，符合国家和地方环境保护标准的。
（5）国务院批准免税的其他情形。
【答案】CE

拓展　环境保护税税收优惠总结

| 税收优惠 | 免征 | （1）农业生产（不包括规模化养殖）排放应税污染物。
（2）机动车、铁路机车、非道路移动机械、船舶和航空器等流动污染源排放应税污染物。
（3）依法设立的城乡污水集中处理、生活垃圾集中处理场所（如生活垃圾焚烧发电厂、生活垃圾填埋场、生活垃圾堆肥场）排放相应应税污染物，不超过国家和地方规定的排放标准。
（4）纳税人综合利用的固体废物，符合国家和地方环境保护标准。
（5）国务院批准免税的其他情形 |

税收优惠	减征	（1）纳税人排放应税大气污染物或者水污染物的浓度值低于国家和地方规定的污染物排放标准30%的，减按75%征收环境保护税。 （2）纳税人排放应税大气污染物或者水污染物的浓度值低于国家和地方规定的污染物排放标准50%的，减按50%征收环境保护税

高频考点 计税依据和应纳税额的计算★★

【单选题】2024年3月，某生产企业向大气直接排放二氧化硫20千克，向水体直接排放总铬10千克、硫化物15千克。已知污染当量值为：二氧化硫0.95/千克、总铬0.04/千克、硫化物0.125/千克。该企业所在省确定的环境保护税适用税额为：大气污染物12元/污染当量，水污染物14元/污染当量。该企业当月应纳环境保护税（　　）元。

A. 4734.74　　　　　B. 5432.63　　　　　C. 2373.84　　　　　D. 2112.92

解析 应税大气污染物、水污染物的应纳税额=污染当量数×适用税额

污染当量数=排放量/污染当量值

该企业当月应纳环境保护税=20/0.95×12+（10/0.04+15/0.125）×14=5432.63元

【答案】B

【单选题】应税固体废物的环境保护税的计税依据是（　　）。

A. 储存量　　　　B. 排放量　　　　C. 生产量　　　　D. 综合利用量

解析 应税固体废物按照固体废物的排放量确定计税依据。应税固体废物的排放量为当期应税固体废物的产生量减去当期应税固体废物储存量、处置量、综合利用量的余额。

【答案】B

【单选题】甲企业2023年3月在生产过程中产生固体废物600吨，其中按照国家和地方环境保护标准综合利用200吨。已知每吨固体废物的税额是5元。该企业排放固体废物应缴纳环境保护税（　　）元。（不考虑六税两费减半征收政策）

A. 1000　　　　　B. 2000　　　　　C. 4000　　　　　D. 3000

解析 应税固体废物的应纳税额=（产生量－储存量－处置量－综合利用量）×单位税额=（600－200）×5=2000元

【答案】B

【单选题】某公司通过安装水流量测得排放污水量为30吨，污染当量值为0.5吨。当地水污染物适用税额为每污染当量2.5元，当月应纳环境保护税（　　）元。（不考虑六税两费减半征收政策）

A. 60　　　　　B. 150　　　　　C. 37.5　　　　　D. 24

解析 水污染物当量数=30/0.5=60

应缴纳环境保护税 = 60 × 2.5 = 150 元
【答案】B

【单选题】2024 年 3 月，某大型工业企业直接排放大气污染物 1000 万立方米，其中二氧化硫 120 毫克/立方米。当地大气污染物每污染当量税额 1.2 元，二氧化硫污染当量值（千克）为 0.95。二氧化硫为该企业排放口的前三项污染物，不考虑该企业排放的其他废气，当地规定的二氧化硫排放标准为 200 毫克/立方米，1 克 = 1000 毫克。该企业当月排放二氧化硫应缴纳环境保护税（　　）元。（不考虑六税两费减半征收政策）

  A. 1515.79   B. 1136.84   C. 15157.9   D. 11368.4

解析　二氧化硫排放量 = 1000 × 10000 × 120/1000/1000 = 1200 千克

二氧化硫污染当量数 = 1200/0.95 = 1263.16

二氧化硫的环境保护税 = 1263.16 × 1.2 = 1515.79 元

二氧化硫浓度值低于标准浓度值的 30%：（200 - 120）/200 = 40%，可减按 75% 征收环境保护税。

该企业当月应缴纳环境保护税 = 1515.79 × 75% = 1136.84 元

【答案】B

【单选题】某养猪场 2024 年 3 月份养猪存栏量为 3000 头，污染当量值为 1 头，当地水污染物适用税额为每污染当量 2 元，当月应缴纳环境保护税（　　）元。（不考虑六税两费减半征收政策）

  A. 0   B. 3000   C. 6000   D. 9000

解析　水污染物当量数 = 3000/1 = 3000

应缴纳环境保护税 = 3000 × 2 = 6000 元

【答案】C

【单选题】某铁矿开采企业，2024 年 6 月开采铁原矿 25000 吨，销售 10000 吨，根据当地生态环境部发布的排放源统计调查制度规定的方法计算，铁矿采选 NO 化物的排污系数为 10 千克/万吨 - 铁原矿，NO 化物污染当量值为 0.95 千克，大气污染物每污染当量税额为 3.6 元，不考虑其他污染排放物。该铁矿开采企业 6 月采选铁原矿应缴纳环境保护税（　　）元。（不考虑六税两费减半征收政策）

  A. 94.74   B. 9   C. 37.89   D. 0

解析　污染物排放量 = 2.5 × 10 = 25 千克

污染当量数 = 25/0.95 = 26.32

应纳环境保护税 = 26.32 × 3.6 = 94.74 元

【答案】A

【多选题】下列关于环境保护税，说法正确的有（　　）。

A. 总汞、总镉、总铬属于第一类水污染物

B. 其他类水污染物，大肠菌群数和余氯量只征收一项

C. 一个单位边界上有多处噪声超标，根据平均值计算适用应纳税额

D. 昼夜均超标的工业噪声，昼夜分别计算，累计计征

E. 夜间频繁突发和夜间偶然突发厂界超标噪声，按等效声级和峰值噪声两种指标中超标分贝值平均计算应纳税额

解析 选项C，一个单位边界上有多处噪声超标，根据最高一处超标声级计算适用应纳税额。选项E，夜间频繁突发和夜间偶然突发厂界超标噪声，按等效声级和峰值噪声两项指标中超标分贝值高的一项计算应纳税额。

【答案】ABD

【单选题】A企业1月在a、b两地作业均存在夜间噪声超标问题。a作业场所一个单位边界上有两处噪声超标，分别为超标1~3分贝、超标7~9分贝，超标天数为16天；b作业场所沿边界长度110米有两处噪声超标，分别为超标1~3分贝、超标7~9分贝，两处超标天数为14天。

已知：超标1~3分贝，税额每月350元、超标7~9分贝，税额每月1400元，A企业1月噪声污染应缴纳环境保护税（　　）元。

A. 1400　　　　B. 2275　　　　C. 4200　　　　D. 2800

解析 一个单位有不同地点作业场所的应分开计算，需要合并计征。

a场所应纳税额=1400元（同一单位边界多噪声超标按最高处声级计算）

b场所应纳税额=（1400+1400）/2=1400元（沿边界长度超过100米有两处以上噪声超标，按两个单位计算；声源一个月内超标不足15天，减半计算）

合计2800元。

【答案】D

拓展　计税依据和应纳税额总结

大气污染物、水污染物	(1) 应税范围	① 应税大气污染物：按照污染当量数从大到小排序，前三项污染物 ② 应税水污染物。 a. 第一类：按照污染当量数从大到小排序，前五项污染物。 b. 其他类：按照污染当量数从大到小排序，前三项污染物
	(2) 计税依据	① 计算公式：污染当量数=该污染物排放量/该污染物的污染当量值 ② 以当期应税大气污染物、水污染物的产生量作为污染物的排放量： a. 未依法安装使用监测设备或者未将监测设备联网。 b. 损毁或者擅自移动、改变监测设备。 c. 篡改、伪造监测数据。 d. 通过暗管、渗井、渗坑、灌注或者稀释排放，以及不正常运行设施等方式违法排放应税污染物。 e. 进行虚假纳税申报
	(3) 应纳税额=该污染物排放量/该污染物的污染当量值×适用税额	

续表

应税固体废物	(1) 计税依据	① 计算公式：固体废物的排放量 = 当期固体废物的产生量 – 当期固体废物的综合利用量 – 当期固体废物的储存量 – 当期固体废物的处置量 ② 以当期应税固体废物的产生量作为固体废物的排放量： a. 非法倾倒应税固体废物。 b. 进行虚假纳税申报
	(2) 应纳税额 = 固体废物排放量 × 具体适用税额	
应税噪声	(1) 应纳税额 = 超过国家规定标准的分贝数对应的适用税额 (2) 应纳税额特殊规定： ① 一个单位的同一监测点当月有多个监测数据超标的，以最高一次超标声级计算应纳税额。 ② 昼、夜均超标的环境噪声，昼、夜分别计算应纳税额，累计计征。 ③ 声源一个月内不超过15天的，减半计算应纳税额	
应税污染物排放量的确定顺序：设备自动监测→监测机构→排污系数→抽样测算		

高频考点 · 征收管理 ★

【多选题】 下列地点属于环境保护税应税污染物排放地的有（　　）。
A. 应税固体废物产生地 B. 应税噪声产生地
C. 应税水污染物排放口所在地 D. 排放应税污染物企业机构所在地
E. 应税大气污染物排放口所在地

解析 纳税人应当向应税污染物排放地的税务机关申报缴纳环境保护税，应税污染物排放地是指：
（1）应税大气污染物、水污染物排放口所在地。
（2）应税固体废物产生地。
（3）应税噪声产生地。

【答案】 ABCE

【多选题】 关于环境保护税征收管理，下列说法正确的有（　　）。
A. 环境保护税不能按固定期限计算缴纳的，可以按次申报缴纳
B. 生态环境主管部门应负责应税污染物监测管理
C. 纳税义务发生时间为纳税人排放应税污染物的当日
D. 环境保护税按季申报，按年缴纳
E. 所有纳税人应在季度终了之日起15日内申报并缴纳税款

解析 选项D，环境保护税按月计算，按季申报缴纳。不能按固定期限计算缴纳的，可以按次申报缴纳。选项E，纳税人按季申报缴纳的，应当自季度终了之日起15日内，向税

务机关办理纳税申报并缴纳税款。纳税人按次申报缴纳的，应当自纳税义务发生之日起15日内，向税务机关办理纳税申报并缴纳税款。

【答案】ABC

【单选题】关于环境保护税征收管理，下列表述正确的是（　　）。
A. 环境保护税不能够按固定期限计算缴纳的，可以按次申报缴纳
B. 纳税义务发生时间为纳税人排放应税污染物后15日内
C. 环境保护税能够按固定期限计算缴纳的，按月计算并申报缴纳
D. 生态环境主管部门应负责应税污染物监测管理和纳税人识别

解析　选项AC，环境保护税按月计算、按季申报缴纳，不能按固定期限计算缴纳的，可以按次申报缴纳。选项B，环境保护税纳税义务发生时间为纳税人排放应税污染物的当日。

【答案】A

第九章 烟叶税

■ 考情分析

1. 重要程度：本章节属于本书非重点章节，分值在 2~5 分之间。
2. 考查题型：结合近 5 年经典题，通常以单选题、多选题的形式进行考查。

■ 考点分布

第九章 烟叶税 —— 纳税人、征税范围、税率以及征收管理 ★★

高频考点 · 纳税人、征税范围、税率及征收管理 ★★

【多选题】2023 年 9 月 1 日，A 市烟草公司向 B 县烟农收购一批烤烟叶和晾晒烟叶，支付给烟农烟叶收购价款和价外补贴，下列关于上述业务烟叶税的处理，说法正确的有（　　）。

A. 烟草公司应于 2023 年 9 月 1 日当天缴税
B. 纳税人应向 B 县所在地主管税务机关申报缴税
C. 烟草公司收购晾晒烟叶不缴税
D. 计税依据包括烟叶收购价款和价外补贴
E. 烟农应履行代收代缴义务

解析　选项 A，烟叶税的纳税义务发生时间为 9 月 1 日，烟草公司应于纳税义务发生月终了之日起 15 日内申报并缴纳税款，因此应当是 10 月 15 日之前申报缴纳税款。选项 C，烟叶的收购方是烟叶税的纳税人，烟草公司收购晾晒烟叶应缴纳烟叶税。选项 E，烟草公司应自行申报缴纳烟叶税。

【答案】BD

【单选题】下列关于烟叶税征收管理的表述，正确的是（　　）。

A. 纳税义务发生时间为收购烟叶的当天　　B. 缴税期限自纳税义务发生之日起 15 天内
C. 纳税期限为"次"　　　　　　　　　　　D. 纳税地点为收购方机构所在地

解析　烟叶税按月计征，纳税人应当于纳税义务发生月终了之日起 15 日内申报并缴纳税款，所以选项 BC 不正确。选项 D，应当向烟叶收购地的主管税务机关申报缴纳烟叶税。

【答案】A

【单选题】下列关于烟叶税政策的说法，正确的是（　　）。

A. 税率为地区差别定额税率　　　　　　　B. 计税方法为从量计征
C. 按月计征烟叶税　　　　　　　　　　　D. 计税依据为烟叶实际收购量

解析 选项A，烟叶税实行比例税率，税率为20%。选项B，烟叶税是从价计征。选项D，烟叶税的计税依据是收购烟叶实际支付的价款总额。

【答案】 C

【多选题】 下列关于烟叶税的说法正确的有（　　）。

A. 计税依据为收购方支付的烟叶收购价款和价外补贴
B. 纳税人为烟叶收购方
C. 进口烟叶需缴纳烟叶税
D. 法律依据为《中华人民共和国烟叶税暂行条例》
E. 比例税率为10%

解析 选项C，烟叶税是针对境内收购烟叶的单位征收的一种税，进口烟叶，不征收烟叶税。选项D，法律依据为《中华人民共和国烟叶税法》。选项E，烟叶税的比例税率为20%。

【答案】 AB

【多选题】 下列关于烟叶税的说法中，错误的有（　　）。

A. 烟叶税的征税范围是晾晒烟叶和烤烟叶
B. 烟叶税的征税机关是收购单位机构所在地税务机关
C. 烟叶税的代扣代缴义务人是收购烟叶的单位
D. 烟叶税采用从价定率计征
E. 烟叶税纳税人是在我国境内收购烟叶的单位和个人

解析 选项B，按照税法规定，纳税人收购烟叶，应当向烟叶收购地的主管税务机关申报纳税。选项C，收购方不是代扣代缴义务人，是纳税义务人。选项E，烟叶税纳税人是在我国境内收购烟叶的单位。

【答案】 BCE

【单选题】 某烟厂从农户手中收购烟叶，支付给烟叶销售者收购价款600万元，并按规定支付了价外补贴，开具烟叶收购发票，该烟厂应纳烟叶税（　　）万元。

A. 132.00　　　　B. 116.80　　　　C. 120.00　　　　D. 106.19

解析 烟叶税应纳税额＝实际支付的价款总额×20%＝烟叶收购价款×（1＋10%）×20%＝600×（1＋10%）×20%＝132万元。

【答案】 A

【单选题】 某烟厂2024年8月收购烟叶，向烟叶销售者实际支付的价款总额为660万元，开具烟叶收购发票，该烟厂应纳烟叶税（　　）万元。

A. 132　　　　B. 116.80　　　　C. 120　　　　D. 106.19

解析 烟叶税的计税依据是收购烟叶实际支付的价款总额。
应纳烟叶税＝660×20%＝132万元

【答案】 A

第十章 关税

考情分析
1. 重要程度：本章节属于本书非重点章节，分值在2~5分之间。
2. 考查题型：结合近5年经典题，通常以单选题、多选题的形式进行考查。

考点分布

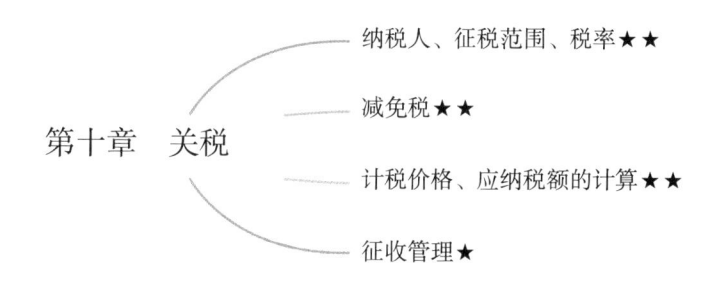

第十章 关税
- 纳税人、征税范围、税率★★
- 减免税★★
- 计税价格、应纳税额的计算★★
- 征收管理★

高频考点·纳税人、征税范围、税率★★

【单选题】下列关于关税的说法，正确的是（　　）。
A. 关税分为进口关税和出口关税，因此关税是两个环节征税
B. 关税是单一的从价税
C. 关税是单一环节的价外税
D. 关税的征收对象是一切进出口的货物

解析　选项A，按征税货物和物品进出方向不同进行分类，可将关税分为进口关税、出口关税。但是关税是单一环节的价外税。选项B，按计税方式分类，可将关税分为从量税、从价税；此外，各国常用的计税方式还有复合税、选择税、滑准税。选项D，关税的征税对象是准许进出口的货物和进出境的物品。

【答案】C

【多选题】以邮寄方式进出口物品，下列属于关税纳税人的有（　　）。
A. 邮寄出境物品的寄件人
B. 邮寄进境物品的境内收件人
C. 邮寄进境物品的境外寄件人
D. 邮寄出境物品的境外收件人
E. 邮寄出境物品的托运人

解析　对以邮递方式进境的物品，推定其收件人为所有人。以邮递或其他运输方式出境的物品，推定其寄件人或托运人为所有人。选项CD，不属于关税的纳税人。

【答案】ABE

【多选题】 关于进口货物税率,下列说法正确的有（　　）。

A. 原产于共同适用最惠国待遇条款的世界贸易组织成员的进口货物最惠国税率
B. 原产于与我国签订含有相互给予最惠国待遇条款的双边贸易协定的国家或者地区的进口货物适用特惠税率
C. 原产于我国境内的进口货物,适用最惠国税率
D. 原产于与我国签订含有关税优惠条款的区域性贸易协定的国家或者地区的进口货物,适用协定税率
E. 原产地不明的进口货物,适用普通税率

解析 选项B,原产于与中华人民共和国签订含有特殊关税优惠条款的贸易协定的国家或者地区的进口货物,适用特惠税率。

原产于共同适用最惠国待遇条款的世界贸易组织成员的进口货物,原产于与中华人民共和国签订含有相互给予最惠国待遇条款的双边贸易协定的国家或者地区的进口货物,以及原产于中华人民共和国境内的进口货物,适用最惠国税率。

【答案】 ACDE

【多选题】 关于进口货物关税税率的适用,下列说法正确的有（　　）。

A. 当最惠国税率低于或等于协定税率时,按最惠国税率执行
B. 适用最惠国税率的进口货物有暂定税率的,应当适用暂定税率
C. 适用协定税率、特惠税率的进口货物有暂定税率的,应当适用暂定税率
D. 适用普通税率的进口货物,不适用暂定税率
E. 实行关税配额管理的进口货物,关税配额内的,适用关税配额税率

解析 选项A,当最惠国税率低于或等于协定税率时,协定有规定的,按相关协定的规定执行;协定无规定的,二者从低适用。选项C,适用协定税率、特惠税率的进口货物有暂定税率的,应当从低适用税率。

【答案】 BDE

【多选题】 下列关于进出口关税税率适用日期,说法正确的有（　　）。

A. 进出口货物,适用海关接受该货物申报进口或者出口之日实施的税率
B. 进口货物到达前,经海关核准先行申报的,适用装载该货物的运输工具申报进境之日实施的税率
C. 进口转关运输货物,适用启运地海关接受该货物申报进口之日实施的税率
D. 出口转关运输货物,适用指运地海关接受该货物申报出口之日实施的税率
E. 租赁进口货物,分期缴纳税款的,适用海关接受申报办理纳税手续之日实施的税率

解析 选项C,进口转关运输货物,适用指运地海关接受该货物申报进口之日实施的税率。选项D,出口转关运输货物,适用启运地海关接受该货物申报出口之日实施的税率。

【答案】 ABE

第十章　关　税

【单选题】在关税税则中，预先按产品的价格高低分档制定若干不同的税率，根据进出口商品价格的变动而增减进出口税率的关税是（　　）。

A. 选择税　　　　B. 滑动税　　　　C. 复合税　　　　D. 差别税

解析　滑动税又称滑准税，是在税则中预先按产品的价格高低分档制定若干不同的税率，然后根据进出口商品价格的变动而增减进出口税率的一种关税。

【答案】 B

【单选题】在税则的同一税目中，有从价和从量两种税率，征税时由海关选择其中一种计征，海关一般是选择税额较高的一种征收，当物价上涨时，使用从价税，在物价下跌时使用从量税。这种计税方式是（　　）。

A. 滑准税　　　　B. 复合税　　　　C. 选择税　　　　D. 从量税

解析　题干描述的是选择税的概念。

【答案】 C

【单选题】适用协定税率的国家和地区的名单，由国务院关税税则委员会决定后，上报（　　）批准后执行。

A. 海关总署　　　B. 财政部　　　　C. 国务院　　　　D. 全国人大

解析　适用最惠国税率、协定税率、特惠税率的国家或者地区名单，由国务院关税税则委员会决定，报国务院批准后执行。

【答案】 C

高频考点·减免税 ★★

【多选题】2024年11月，某消费者当年首次通过跨境电子商务交易平台购买一套零售进口高档化妆品，该套化妆品关税计税价格5700元，关税2850元，下列税务处理正确的有（　　）。

A. 进口环节增值税按法定应纳税额的70%缴纳
B. 关税按法定应纳税额70%缴纳
C. 该电子商务交易平台可为代收代缴义务人
D. 进口环节增值税计税依据为5700元
E. 该消费者为纳税义务人

解析　选项AB，计税价格超过5000元单次交易限值但低于26000元年度交易限值，且订单下仅一件商品时，可以自跨境电商零售渠道进口，按照货物税率全额征收关税和进口环节增值税、消费税。选项D，增值税计税依据=组成计税价格=（关税计税价格+关税）/（1-消费税比例税率）=（5700+2850）/（1-15%）=10058.82元。

【答案】 CE

【单选题】下列进出口货物法定予以减征或免征关税的是（　　）。
A. 海关放行前遭受损失的货物
B. 盛装货物的容器
C. 关税税额在100元以下的一票货物
D. 科研活动中使用的仪器设备及用品

解析　下列进出口货物，法定予以减征或免征关税：
（1）关税税额在人民币50元以下的一票货物。
（2）无商业价值的广告品和货样。
（3）外国政府、国际组织无偿赠送的物资。
（4）在海关放行前遭受损坏或损失的货物。
（5）进出境运输工具装载的途中必需的燃料、物料和饮食用品。
（6）中华人民共和国缔结或者参加的国际条约规定减征、免征关税的货物、物品。
（7）法律规定减征、免征关税的其他货物、物品。
【答案】 A

【多选题】下列进口货物法定予以减征或免征关税的有（　　）。
A. 在海关放行前遭受损坏或损失的货物
B. 中华人民共和国缔结或者参加的国际条约规定减征的货物
C. 没有商业价值的广告品和货样
D. 拍摄电影使用的仪器、设备及用品
E. 供安装、调试、检测设备时使用的仪器、工具

解析　选项DE，属于进口货物暂不缴纳关税的情形。
【答案】 ABC

【多选题】关于关税减免税，下列说法正确的有（　　）。
A. 外国政府、国际组织无偿赠送的物资免征关税
B. 科学研究机构进口的科学研究用品实行特定减免关税
C. 对进口残疾人专用品实行特定减免关税
D. 进出境运输工具装载的娱乐设施暂免征收关税
E. 在海关放行前遭受损失的货物免征关税

解析　选项D，进出境运输工具装载的途中必需的燃料、物料和饮食用品（不含娱乐设施）免征关税。
【答案】 ABCE

【多选题】下列进口货物中，免征关税的有（　　）。
A. 入境客机装载的飞行燃料
B. 在海关放行前损失的货物
C. 无商业价值的广告品和货样
D. 关税税额在人民币50元以下的一票货物
E. 在海关放行前遭受损坏的货物

【解析】 上述项目均免征关税。下列进出口货物，免征关税：
（1）关税税额在人民币50元以下的一票货物。
（2）无商业价值的广告品和货样。
（3）外国政府、国际组织无偿赠送的物资。
（4）进出境运输工具装载的途中必需的燃料、物料和饮食用品。
（5）在海关放行前损失的货物。
选项E，在海关放行前遭受损坏的货物，可以根据海关认定的受损程度减征关税。
【答案】 ABCD

【多选题】下列进口货物属于关税特定减免税的有（　　）。
A. 货样
B. 国家实验室进口国内不能生产的实验仪器
C. 境外自然人向中国红十字会总会捐赠的用于慈善事业的物资
D. 集成电路线宽小于65纳米的逻辑电路
E. 国家综合性消防救援队伍进口国内不能生产的消防救援装备

【解析】 选项A属于暂时免税。
【答案】 BCDE

高频考点 · 计税价格、应纳税额的计算 ★★

【单选题】下列费用中，不计入进口货物关税计税价格的是（　　）。
A. 包装材料费用
B. 设备进口后发生的技术服务费
C. 由买方负担的经纪费（除购货佣金）
D. 与货物为一体的容器费用

【解析】 进口时在货物的价款中列明的下列税收、费用，不计入该货物的计税价格：
（1）厂房、机械、设备等货物进口后进行建设、安装、装配、维修和技术服务的费用。
（2）进口货物运抵中华人民共和国境内输入地点起卸后的运输及其相关费用、保险费。
（3）进口关税及国内税收。
【答案】 B

【多选题】下列属于进口关税计税价格组成部分的有（　　）。
A. 进口人向自己的采购代理人支付的购货佣金
B. 与进口货物国内销售有关的特许权使用费
C. 进口设备报关后的安装调试费用
D. 进口设备报关后的境内技术培训费用
E. 运至我国境内输入地点装载前的运输费用

【解析】 买方需向卖方或者有关方直接或者间接支付的特许权使用费是要计入关税计税价格的。
【答案】 BE

【单选题】关于进口货物的关税计税价格，下列说法正确的是（　　）。

A. 留购的租赁货物，以海关审定的租金为关税计税价格

B. 留购的租赁货物，以海关审定的留购价格为关税计税价格

C. 以租赁方式进口的货物，以海关审定的成交价格为关税计税价格

D. 以租赁方式进口的货物，以海关审定的购买价格为关税计税价格

解析　选项A，留购的租赁货物，以海关审定的留购价格作为计税价格。选项CD，以租赁方式进口的货物，以租金方式对外支付的，在租赁期间以海关审查确定的租金作为计税价格，利息应当予以计入。

【答案】　B

【单选题】下列关于符合海关规定的特殊方式进口货物的关税计税价格确定的说法，正确的是（　　）。

A. 运往境外加工的货物，以境外加工费和料件费，以及该货物复运进境的运输及其相关费用、保险费为基础审查确定

B. 经海关批准暂时进境的货物，应当按照一般进口货物计税价格确定的有关规定审查确定

C. 运往境外修理的货物，以境外修理费及其运费、保险费为基础审查确定

D. 捐赠进口的货物，以倒扣价格估价方法审查确定

解析　选项A，运往境外加工的货物，出境时已向海关报明，并在海关规定期限内复运进境的，以境外加工费和料件费，以及该货物复运进境的运输及其相关费用、保险费为基础审查确定。选项C，运往境外修理的货物，出境时已向海关报明，并在海关规定期限内复运进境的，以海关审定的境外修理费和物料费为计税价格。选项D，易货贸易、寄售、捐赠、赠送等不存在成交价格的进口货物，使用进口货物海关估计方法审定计税价格。

【答案】　B

【单选题】2024年5月1日某公司进口一批高档化妆品，成交价格为20万元人民币，关税税率40%，从起运地至输入地起卸前的运费2.4万元人民币，进口货物的保险费无法确定，保险费率为3‰，从海关监管区至公司仓库的运费0.6万元。海关于2024年5月5日填发税款缴款书，该公司于2024年5月31日缴纳税款。下列说法正确的是（　　）。（高档化妆品消费税税率15%）

A. 该批高档化妆品的关税计税价格为22.4万元

B. 该公司应按照11天缴纳进口环节税款的滞纳金

C. 该公司应缴纳关税9.2万元

D. 该公司应缴纳进口环节税金为19.35万元

解析　进口化妆品计税价格＝20＋2.4＋（20＋2.4）×3‰＝22.47万元

关税＝22.47×40%＝8.99万元

进口环节增值税＝（22.47＋8.99）/（1－15%）×13%＝4.81万元

进口环节消费税＝（22.47＋8.99）/（1－15%）×15%＝5.55万元

进口环节税金 = 8.99 + 4.81 + 5.55 = 19.35 万元

纳税义务人应当自海关填发税款缴款书之日起 15 日内，向指定银行缴纳税款。滞纳金自关税缴纳期限届满滞纳之日起，至纳税义务人缴纳关税之日止，按滞纳税款万分之五的比例按日征收，周末或法定节假日不予扣除。从 5 月 20 日至 5 月 31 日共滞纳 12 天。

【答案】D

【单选题】某进出口公司 2024 年 7 月进口高档化妆品一批，购买价 34 万元，该公司另支付入关前运费 3 万元，保险费无法确定。高档化妆品关税税率为 30%，高档化妆品消费税税率 15%，该公司应缴纳的关税为（　　）万元。

A. 10.21　　　　B. 10.24　　　　C. 13.10　　　　D. 11.13

🔍 **解析**　如果进口货物的保险费无法确定或者未实际发生，海关应当按照"货价加运费"两者总额的 3‰ 计算保险费。

应缴纳的关税 = [34 + 3 + (34 + 3) × 3‰] × 30% = 11.13 万元

【答案】D

【单选题】某货物向海关报明运往境外加工，已知该批货物的价值 100 万元，出境的运费 5 万元，境外发生的加工费 20 万元，在海关规定期限内复运进境，复运进境的运费和保险费合计 6 万元，关税税率 10%，计算应缴纳的关税税额是（　　）万元。

A. 0.6　　　　B. 2.6　　　　C. 3.1　　　　D. 13.1

🔍 **解析**　运往境外加工的货物，出境时已向海关报明，并在海关规定期限内复运进境的，应当以境外加工费、料件费、复运进境的运输及相关费用、保险费为基础审查确定计税价格。

应缴纳的关税税额 = (20 + 6) × 10% = 2.6 万元

【答案】B

【单选题】某科技公司 2022 年 5 月 7 日经批准进口一套特定免税设备用于研发项目，2024 年 10 月 27 日经海关批准，该公司将设备出售，取得销售收入 240 万元，该设备进口时经海关审定的计税价格为 320 万元，已提折旧 60 万元。2024 年 10 月该公司应补缴的关税为（　　）万元。（关税税率为 10%）

A. 5.33　　　　B. 6.22　　　　C. 24.00　　　　D. 26.00

🔍 **解析**　减税或免税进口的货物需补税时，应当以海关审定的该货物原进口时的价格，扣除折旧部分作为计税价格，其计算公式为：计税价格 = 海关审定的该货物原进口时的价格 × [1 − 补税时实际已进口的时间（月）/（监管年限 × 12）]。

补税时实际已进口的时间按月计算，不足 1 个月但是超过 15 日的，按照 1 个月计算，不超过 15 日的，不予计算。监管年限，其他货物：3 年，应补缴关税 = 320 × [1 − 30/(3 × 12)] × 10% = 5.33 万元。

【答案】A

【多选题】下列关于进口货物关税计税价格确定的说法，正确的有（   ）。

A. 经海关批准暂时进境的货物，按照一般进口货物计税价格确定的有关规定，审查确定关税价格
B. 以租赁方式进口的货物，在租赁期间以海关审定的租金作为计税价格
C. 进口运输工具，利用自身动力进境的，不再另行计入运费
D. 邮运进口的货物，应当以邮费作为运输费计算保险费用
E. 境内留购的进口广告陈列品，以海关审定的留购价格作为计税价格

【解析】 选项D，邮运进口的货物，应当以邮费作为运输及其相关费用、保险费。

【答案】 ABCE

【多选题】如果进口货物的成交价格不符合规定条件，由海关估定计税价格。下列关于进口货物计税价格估定的说法，正确的有（   ）。

A. 纳税人可以与海关进行价格磋商
B. 计税价格估定方法的使用次序不可以颠倒
C. 海关估定计税价格时，应根据纳税人的意愿选择估价方法
D. 按照相同货物成交价格估价时，如果相同货物有若干批，应采用其中最低的价格
E. 采用倒扣价格法时，按照进口货物、相同或类似进口货物在境内的销售价格为基础，扣除境内发生的有关费用后，确定计税价格

【解析】 选项B，计税价格估定方法的使用次序一般不可以颠倒，但是应进口商的要求，倒扣价格估价方法和计算价格估价方法的使用次序可以颠倒。选项C，海关估定计税价格时，是依次选择价格估定方法的，不是根据纳税人的意愿选择估价方法。

【答案】 ADE

【单选题】进口货物的成交价格不符合规定条件或成交价格不能确定，经与纳税义务人协商后，海关确认该进口货物计税价格时应优先采用的方法是（   ）。

A. 倒扣价格估价法　　　　　　　　B. 计算价格估价法
C. 类似货物成交价格估价法　　　　D. 相同货物成交价格估价法

【解析】 进口货物的成交价格不符合规定条件或者成交价格不能确定的，海关经了解有关情况，并且与纳税义务人进行价格磋商后，依次以相同货物成交价格估价方法、类似货物成交价格估价方法、倒扣价格估价方法、计算价格估价方法及其他合理估价方法审查确定该货物的计税价格。

纳税义务人向海关提供有关资料后，可以提出申请，颠倒倒扣价格估价方法和计算价格估价方法的使用次序。

【答案】 D

【多选题】下列各项税费中，应计入出口货物计税价格的有（   ）。

A. 货物运至我国境内输出地点装载前的保险费
B. 货物运至我国境内输出地点装载前的运输费用

C. 货物出口关税

D. 货价中单独列明的货物运至我国境内输出地点装载后的运输费用

E. 货价中单独列明的货物运至我国境内输出地点装载后的保险费

解析 出口货物的计税价格，由海关以该货物向境外销售的成交价格为基础审查确定，并应当包括货物运至中华人民共和国境内输出地点装载前的运输及其相关费用、保险费。但其中包含的出口关税税额，应当扣除。

【答案】 AB

高频考点 · 征收管理 ★

【单选题】 已征出口关税的货物，因故未转运出口。申报退关的，纳税义务人可以申请退还关税的最长期限是（　　）。

A. 自缴纳税款之日起 1 年　　　　　　B. 自缴纳税款之日起 3 年
C. 自缴纳税款之日起 5 年　　　　　　D. 自缴纳税款之日起 2 年

解析 已征出口关税的货物，因故未装运出口，申报退关的，纳税义务人自缴纳税款之日起 1 年内，可以申请退还关税。

【答案】 A

【单选题】 因纳税义务人违反规定而造成的少征关税，海关可以自纳税义务人缴纳税款或者货物、物品放行之日起的一定期限内追征。这一期限是（　　）。

A. 1 年　　　　　　B. 10 年　　　　　　C. 5 年　　　　　　D. 3 年

解析 因纳税人违反规定而造成的少征或者漏征税款，自纳税人缴纳税款或者货物、物品放行之日起 3 年内追征，并按日加收万分之五的滞纳金。

【答案】 D

【单选题】 下列关于关税税务处理的说法，正确的是（　　）。

A. 外国企业无偿赠送进口的物资属于法定免征关税

B. 进口货物自运输工具申报进境之日起 15 日内，应由进口货物的纳税义务人向货物进境地海关申报

C. 海关放行前损毁或灭失的物品，免征关税

D. 已征进口关税的货物，因品质或规格原因，原状退货复运出境的，纳税人自缴纳税款之日起 3 年内可以申请退还关税

解析 选项 A，外国政府、国际组织无偿赠送的物资属于法定免征关税情形，境外自然人、法人或其他组织等境外捐赠人，符合条件的慈善捐赠物资属于特定免税情形。选项 B，进口货物自运输工具申报进境之日起 14 日内，应由进口货物的纳税义务人向货物进境地海关申报。选项 D，已征进口关税的货物，因品质或规格原因，原状退货复运出境的，纳税人自缴纳税款之日起 1 年内，可以申请退还关税。

【答案】 C

第十一章 非税收入

■ 考情分析

1. 重要程度：本章节属于本书非重点章节，分值在 5~8 分之间。
2. 考查题型：结合近 5 年经典题，通常以单选题、多选题的形式进行考查。

■ 考点分布

第十一章 非税收入
- 非税收入的概念和特点 ★
- 非税收入的分类 ★★
- 非税收入的政策内容 ★★

高频考点 · 非税收入的概念和特点 ★

【多选题】下列选项中，属于非税收入特征的有（　　）。

A. 灵活性　　　　　　　　　　B. 确定性
C. 非普遍性　　　　　　　　　D. 资金使用上的特定性
E. 稳定性

解析 非税收入特征有：灵活性、不稳定性、非普遍性和资金使用上的特定性。

【答案】ACD

【多选题】下列选项中，不属于政府非税收入的有（　　）。

A. 诉讼费
B. 社会保险费（计入缴存人个人账户部分）
C. 土地出让金
D. 汽车号牌使用权有偿出让取得的收入
E. 住房公积金（计入缴存人个人账户部分）

解析 非税收入，是指除税收以外，由各级国家机关、事业单位、代行政府职能的社会团体及其他组织依法利用国家权力、政府信誉、国有资源（资产）所有者权益等取得的各种收入，不包括社会保险费、住房公积金（指计入缴存人个人账户部分）。

【答案】BE

拓展 非税收入的概念和非税收入的特点

非税收入的概念	除税收以外，由各级国家机关、事业单位、代行政府职能的社会团体及其他组织依法利用国家权力、政府信誉、国有资源（资产）所有者权益等取得的各项收入（不包括计入缴存人个人账户部分的社会保险费、住房公积金）
非税收入的特点	灵活性：①形式多样性；②时间灵活性；③标准灵活性
	非普遍性
	不稳定性
	资金使用上的特定性
税收的特点是强制性、无偿性和固定性	

高频考点 · 非税收入的分类 ★★

【多选题】下列非税收入中，属于依据政治权力征收的有（　　）。
A. 政府性基金　　　　　　　　　　B. 罚没收入
C. 彩票公益金收入　　　　　　　　D. 国有资源有偿使用收入
E. 接受捐赠收入

解析 依据政治权力征收的非税收入，包括政府性基金、罚没收入、对政府颁发的证照按成本收取的工本费等。

选项CE，彩票收入、接受捐赠收入属于依据政府信誉取得的非税收入。选项D，国有资源（资产）有偿使用收入属于依据财产权利征收的非税收入。

【答案】AB

拓展 非税收入的分类总结

按政府对非税收入的管理分类	（1）行政事业性收费	行政性收费	行政收费（如商品注册费、证件费、药品审批费）
			司法收费（如诉讼费）
		事业性收费	包括考试类收费、培训类收费等
	（2）政府性基金	基金：如可再生能源发展基金、国家重大水利工程建设基金	
		资金：如国家电影事业发展专项资金等	
		附加：如教育费附加和地方教育附加	
		专项收费：如客运站场建设费等	
按政府对非税收入的管理分类	① 罚没收入； ② 国有资源（资产）有偿使用收入； ③ 国有资本收益； ④ 彩票公益金收入；		

续表

按政府对非税收入的管理分类	⑤特许经营收入； ⑥中央银行收入； ⑦以政府名义接受的捐赠收入； ⑧主管部门集中收入； ⑨政府收入的利息收入； ⑩其他非税收入
按预算管理分类	①一般公共预算中的非税收入； ②政府性基金预算中的非税收入； ③国有资本经营预算中的非税收入
按征收依据分类	（1）依据政治权力征收的非税收入	政府性基金、罚没收入、对政府颁发的证照按照成本收取的工本费等
	（2）依据财产权利征收的非税收入	国有资源（资产）有偿使用收入
	（3）依据政府信誉取得的非税收入	彩票收入、接受捐赠收入
	（4）依据提供的公共服务或公共产品取得的非税收入	政府向特定对象出售其生产的商品和服务取得的收入，属于非税收入，如公共停车泊位收入等
		政府将从私人部门或"第三方机构"购买的公共服务提供给特定主体而取得的收入，不属于非税收入

高频考点 · 非税收入的政策内容★★

【单选题】2024年3月，某广告公司（一般纳税人）提供广告宣传服务取得收入价税合计848000元，提供广告设计服务费取得含税收入212000元，该广告公司本月应纳文化事业建设费（　　）元。

A. 30000　　　　B. 22000　　　　C. 6000　　　　D. 25440

解析 广告服务计费销售额，为缴纳义务人提供广告服务取得的全部含税价款和价外费用，减除支付给其他广告公司或广告发布者的含税广告发布费后的余额。广告服务，是指利用图书、报纸、杂志、广播、电视、电影、幻灯、路牌、招贴、橱窗、霓虹灯、灯箱、互联网等各种形式为客户的商品、经营服务项目、文体节目或者通告、声明等委托事项进行宣传和提供相关服务的业务活动，包括广告代理和广告的发布、播映、宣传、展示等。

应缴费额＝计费销售额×3%＝848000×3%＝25440元

【答案】D

【多选题】下列关于文化事业建设费的说法，正确的有（　　）。
A. 境外的广告媒介单位在境内提供广告服务，境内未设有经营机构的，以广告服务接受方为文化事业建设费的扣缴义务人
B. 广告服务计费销售额为广告服务取得的全部不含税价款和价外费用，减除支付给其他广告公司或广告发布者的不含税广告发布费后的余额
C. 未达到增值税起征点的提供娱乐服务的单位和个人，免征文化事业建设费
D. 娱乐服务计费销售额为娱乐服务取得的全部不含税价款和价外费用
E. 缴费人包括在境内广告媒介单位和户外广告经营单位和个人

解析　选项B，广告服务计费销售额为广告服务取得的全部含税价款和价外费用，减除支付给其他广告公司或广告发布者的含税广告发布费后的余额。
选项D，娱乐服务计费销售额为娱乐服务取得的全部含税价款和价外费用。
选项E，缴费人包括在境内提供广告媒介单位和户外广告经营单位。
【答案】AC

【多选题】下列属于文化事业建设费缴费人的有（　　）。
A. 境内提供广告播映的单位
B. 境内提供广告发布的单位
C. 境内提供广告代理的个体工商户
D. 境内提供蹦极服务的单位
E. 境内提供卡丁车服务收入的个人

解析　在中华人民共和国境内提供广告服务的广告媒介单位和户外广告经营单位，应按照规定缴纳文化事业建设费。不包含个体工商户和其他个人。
【答案】ABDE

【单选题】某酒吧（小规模纳税人）本月共取得销售收入（含税）100万元。支付房租15万元，不考虑中央地方减免优惠，该月应缴纳文化事业建设费（　　）万元。
A. 3　　　　　　　B. 2.55　　　　　　　C. 1.95　　　　　　　D. 3.25

解析　文化事业建设费的计费方法是计费销售额×3%。
应缴费额＝计费销售额×3%＝100×3%＝3万元
【答案】A

【单选题】某广告公司（一般纳税人）本月共取得广告播映销售收入（含税）100万元。支付给其他广告公司代理费（含税）15万元，不考虑中央地方减免优惠，该月应缴纳文化事业建设费（　　）万元。
A. 3　　　　　　　B. 2.55　　　　　　　C. 1.95　　　　　　　D. 3.25

解析　文化事业建设费的计费方法是计费销售额×3%。
应缴费额＝计费销售额×3%＝（100－15）×3%＝2.55万元
【答案】B

拓展　文化事业建设费总结

文化事业建设费	政策	广告	缴费人：在境内提供广告服务的广告媒介单位和户外广告经营单位。（无个体工商户和其他个人）
			扣缴义务人：境内广告服务接受方。（应扣缴费额=支付的广告服务含税价款×3%）
			计费方法：应缴费额=计费销售额×3%。计费销售额：全部含税价款和价外费用，减除支付给其他广告公司或广告发布者的含税广告发布费后的余额
	政策	娱乐	缴费人：在境内提供娱乐服务的单位和个人
			计费方法：应缴费额=计费销售额×3%。计费销售额：全部含税价款和价外费用
	优惠	免	广告：小规模纳税人中月销售额不超过2万元（按季纳税6万元）的企业和非企业性单位提供的广告服务
			娱乐：未达到增值税起征点的提供娱乐服务的单位和个人
		减半	自2019年7月1日至2024年12月31日，归属中央收入的，50%减征。归属地方收入的，由各省（区、市）50%的幅度内减征

【多选题】关于残疾人就业保障金，下列说法正确的有（　　）。

A. 按规定比例安排残疾人就业的机关、团体、企业、事业单位和民办非企业单位是残保金的缴费人

B. 用人单位安排残疾人就业的比例不得低于本单位在职职工总数的1.5%。具体比例由各省、自治区、直辖市人民政府根据本地区的实际情况规定

C. 上年用人单位安排残疾人就业未达到规定比例的差额人数，以公式计算结果四舍五入取整数

D. 上年用人单位在职职工中，以劳务派遣用工的，计入用人单位在职职工人数

E. 残保金征收标准上限，按照当地社会平均工资的2倍执行

解析　选项A，未按规定比例安排残疾人就业的机关、团体、企业、事业单位和民办非企业单位（简称用人单位）是残保金的缴费人。

选项C，上年用人单位安排残疾人就业未达到规定比例的差额人数，以公式计算结果为准，可以不是整数。

选项D，上年用人单位在职职工中，以劳务派遣用工的，计入派遣单位在职职工人数。

【答案】BE

【单选题】甲企业2023年在职职工总人数150人,其中接受劳务派遣员工10人、季节性用工50人(用工时间5个月)。甲企业在计算缴纳2023年残疾人就业保障金时,应确认的上年在职职工人数为( )。

A. 81.83　　　　B. 110.83　　　　C. 118　　　　D. 128

解析 根据相关规定,用人单位在职职工,是指用人单位在编人员或依法与用人单位签订1年以上(含1年)劳动合同(服务协议)的人员。季节性用工人数应当折算为年平均用工人数。以劳务派遣用工的,计入派遣单位在职职工人数。

甲企业上年在职职工人数 = 150 − 10 − 50 + 50 × 5/12 = 110.83

【答案】B

【提示】(劳务派遣方式)残疾人就业,由派遣单位和用人单位协调,将残疾人人数计入其中一方实际安排残疾人就业人数和在职职工人数,不得重复计算。

【单选题】某面粉厂2023年度在职职工人数为100人,所在地政府规定的安排残疾人就业比例为1.5%,该公司实际安排的残疾人就业人数为1人,2023年度在职职工年平均工资为15万元。当地社会年平均工资为6万元。那么,该公司应缴纳的残保金为( )万元。

A. 3　　　　B. 6　　　　C. 7.5　　　　D. 1

解析 自2020年1月1日至2027年12月31日,考虑阶段减免政策,安排比例达到1%(含)以上,但未达到规定比例的,50%缴纳。该企业安排比例达到1%(100×1%),但未达到规定比例1.5%,减半征收。残保金征收标准上限,按照当地社会平均工资的2倍执行。题干中,在职职工年平均工资15万元,超过当地社会年平均工资6万元的2倍,应按照当地社会年平均工资的2倍计算残保金。

应缴纳残保金 = (100×1.5% − 1)×6×2×50% = 3万元

【答案】A

拓展 残疾人就业保障金总结

残疾人就业保障金	用人单位安排残疾人就业达不到其所在地省、自治区、直辖市人民政府规定比例的(最低不得低于本单位在职职工总数的1.5%),应当缴纳残保金		
	计费方法	年残保金缴纳金额 = (上年用人单位在职职工人数×所在地省、自治区、直辖市人民政府规定的安排残疾人就业比例 − 上年用人单位实际安排的残疾人就业人数)×上年用人单位在职职工年平均工资(或当地社会年平均工资的2倍,孰低)	
		上年用人单位在职职工人数	用人单位在编或签订1年以上(含1年)劳动合同(服务协议)的人员
			季节性用工折算年平均用工人数计入
			劳务派遣用工计入派遣单位
			差额以公式计算结果为准,可以不是整数

			续表
残疾人就业保障金	计费方法	上年用人单位实际安排的残疾人就业人数	（劳务派遣方式）残疾人就业，由派遣单位和用人单位协调，将残疾人人数计入其中一方实际安排残疾人就业人数和在职职工人数，不得重复计算
			录用为在编或签订1年以上（含1年）劳动合同（服务协议）+工资不低于最低工资标准+缴纳社保，才可计入安排残疾人人数
	优惠	小微免	注册之日起3年内，在职职工总数20人以下（含20人）的小微企业，免
		分档征收（现阶段）	自2020年1月1日至2027年12月31日，在职职工人数在30人（含）以下的企业，暂免
			安排比例达到1%（含）以上，但未达到规定比例的，50%缴纳
			安排比例在1%以下的，90%缴纳
		困难减免	不可抗力自然灾害，突发事件遭受重大直接经济损失，可申请减免或缓缴，最高限额不得超过1年的应缴额，最长期限不得超过6个月
	征管		按年计算，缴纳时间各地不同

【多选题】下列关于非税收入，说法正确的有（ ）。
A. 可再生能源电价附加对除西藏自治区以外的全国范围内，对各省、自治区、直辖市扣除农业生产用电（含农业排灌用电）后的销售电量征收
B. 大中型水库移民后期扶持基金的缴费人是除西藏自治区外，其他省（自治区、直辖市）范围内的电力用户，由各省级电网企业在向电力用户收取电费时一并代征
C. 可再生能源电价附加收入征收时，省（自治区、直辖市）际间交易电量，计入受电省份计征
D. 可再生能源电价附加收入，对分布式光伏发电自发自用电量免收
E. 大中型水库移民后期扶持基金，省级电网企业网间销售电量，计入销售方计征

解析 选项E，大中型水库移民后期扶持基金，省级电网企业网间销售电量，由买入方在最终销售环节向用户收取。

【答案】ABCD

【单选题】天津电网公司销往北京电网公司的交易电量的可再生能源发展基金的缴费义务人为（ ）。
A. 北京电网公司
B. 天津电网公司
C. 由两公司协商后确定
D. 购电用户

解析 根据相关规定，省（自治区、直辖市）际间交易电量，计入受电省份的销售电

量征收可再生能源电价附加。

【答案】A

【单选题】某电网企业位于西藏自治区以外地区，2024年1月销售电量1500000千瓦时（含农业排灌用电20000千瓦时），2024年1月需缴纳可再生能源电价附加（　　）万元。（可再生能源电价附加征收标准为1.9分/千瓦时）

A. 2.85　　　　　B. 2.81　　　　　C. 1.20　　　　　D. 15

解析　应缴纳可再生能源电价附加＝（1500000－20000）×1.9/100/10000＝2.81万元

【答案】B

拓展　可再生能源发展基金及大中型水库移民后期扶持基金总结

可再生能源电价附加	征收	除西藏自治区外，对各省、自治区、直辖市扣除农业生产用电（含农业排灌用电）后的销售电量征收： （1）省级电网企业（含各级子公司）销售给电力用户的电量。 （2）省级电网企业扣除合理线损后的趸售电量（即实际销售给转供单位的电量，不含趸售给各级子公司的电量）。 （3）省级电网企业对境外销售电量。 （4）企业自备电厂自发自用电量。 （5）地方独立电网（含地方供电企业，下同）销售电量（不含省级电网企业销售给地方独立电网的电量）。 （6）大用户与发电企业直接交易的电量
	计算	应缴可再生能源电价附加＝销售电量×征收标准
	优惠	对分布式光伏发电自发自用电量免收
	征管	按月申报，次年3月底前汇算清缴
大中型水库移民后期扶持基金	征收	除西藏自治区外，其他省（自治区、直辖市）范围内的电力用户为缴费人，由各省级电网企业在向电力用户收取电费时一并代征 下列电量实行免征： （1）农业生产用电量。 （2）省级电网企业网间销售电量（由买入方在最终销售环节向用户收取）。 （3）已经国务院批准，可以免除缴纳的其他电量
	计算	应缴大中型水库移民后期扶持基金＝实际上网销售电量（扣除免征电量）×征收标准
	优惠	对分布式光伏发电自发自用电量免收
	征管	每月15日前申报缴纳，次年3月底完成清算和征缴

【单选题】关于石油特别收益金政策，下列说法正确的是（　　）。

A. 在我国陆地领域和所辖海域开采并在境外销售的石油，不征收石油特别收益金

B. 石油特别收益金实行超额累进定率征收，征收比率按行业平均价格确定
C. 中外合作油田按规定上缴国家的留成油不征收石油特别收益金
D. 石油特别收益金按季计算、申报和缴纳

解析 选项 A，凡在中华人民共和国陆地领域和所辖海域开采的石油，无论其是否在中国境内销售，均应按规定缴纳石油特别收益金。选项 B，石油特别收益金实行五级超额累进从价定率计征，征收比率按石油开采企业销售原油的月加权平均价格确定。选项 D，石油特别收益金实行按月计算，按季申报，按月缴纳。

【答案】C

【多选题】下列关于非税收入，说法正确的有（　　）。
A. 油价调控风险准备金的缴费人是在中华人民共和国境内生产、委托加工和进口汽油、柴油的成品油生产经营企业
B. 石油特别收益金按五级超额累进从价定率计征
C. 中外合作油田按规定上缴国家的石油增值税、矿区使用费、国家留成油应征收石油特别收益金
D. 国家留成油收入征收范围是在中华人民共和国陆地领域和所辖海域内，对外合作勘探开发生产石油的企业实现的国家留成油变价款
E. 当国际市场原油价格低于每桶 65 美元调控下限时，成品油价格未调金额全部纳入风险准备金征收油价调控风险准备金

解析 选项 C，中外合作油田按规定上缴国家的国家石油增值税、矿区使用费、国家留成油不征收石油特别收益金。选项 E，油价调控风险准备金，当国际市场原油价格低于每桶 40 美元调控下限时，成品油价格未调金额全部纳入风险准备金。石油特别收益金的起征点为 65 美元/桶。

【答案】ABD

【单选题】某企业 2024 年 8 月开采销售原油 15000 桶，销售价格为 76.50 美元/桶，中国人民银行当月每日发布美元兑换人民币汇率中间价日平均为 7.13，该企业 2024 年 9 月应缴纳石油特别收益金（　　）元。

石油特别收益金征收比例及速算扣除数如下：

原油价格（美元/桶）	征收比率	速算扣除数（美元/桶）
65～70（含）	20%	0
70～75（含）	25%	0.25
75～80（含）	30%	0.75
80～85（含）	35%	1.5
85 以上	40%	2.5

A. 288765　　　　B. 217350　　　　C. 250654　　　　D. 189654

解析 应缴石油特别收益金 = [（76.5 - 65）×30% - 0.75] ×15000 ×7.13 = 288765 元

【答案】A

拓展

油价调控风险准备金	征收	当国际市场原油价格低于每桶40美元调控下限时，成品油价格未调金额全部纳入风险准备金
	缴费人	在中华人民共和国境内生产、委托加工和进口汽油、柴油的成品油生产经营企业
	计算	应缴油价调控风险准备金 = 相邻两个调价窗口期之间实际销售数量×征收标准
石油特别收益金	征收	国家对石油开采企业销售国产原油因价格超过一定水平所获得的超额收入按比例征收的收益金
		凡在中华人民共和国陆地领域和所辖海域开采的石油，无论其是否在中国境内销售，均应按规定缴纳
		中外合作油田按规定上缴国家的国家石油增值税、矿区使用费、国家留成油不征收石油特别收益金
	计算	应缴石油特别收益金 = [（石油开采企业销售原油的月加权平均价格 - 65）×征收率 - 速算扣除数] ×销售量×美元兑换人民币汇率
		五级超额累进从价定率计征
国家留成油收入	征收	在中华人民共和国陆地领域和所辖海域内，对外合作勘探开发生产石油的企业实现的国家留成油变价款
	缴费人	中石油、中石化、中海油三大石油企业
	计算	一般情况下，石油企业上缴的留成油收入等于总收入减除增值税、矿区使用费等费用的余额，乘以合同约定的比例

【多选题】下列非税收入中，属于矿产资源专项收入的有（　　）。

A. 水气矿产矿业权占用费　　　　　B. 国有土地使用权出让收入

C. 能源矿产矿业权出让收益　　　　D. 金属矿产矿业权占用费

E. 非金属矿产矿业权占用费

解析 矿产资源包括能源矿产、金属矿产、非金属矿产和水气矿产。矿产资源专项收入包括矿业权占用费和矿业权出让收益。选项B，不属于矿产资源专项收入。

【答案】ACDE

【多选题】下列关于非税收入，说法正确的有（　　）。

A. 免税商品特许经营费一般按经营免税商品业务年销售收入的1%上缴

B. 海南离岛旅客免税购物商店按经营免税商品业务年销售收入的4%缴纳免税商品特许经营费

C. 免税商品特许经营费缴纳企业应于年度终了后3个月内向企业所在地税务部门申报缴纳

D. 国有土地使用权出让收入包括受让人支付的征地和拆迁补偿费用、土地前期开发费用和土地出让收益等

E. 矿产资源专项收入包括矿业权占用费和矿业权出让收益

解析 选项C，免税商品特许经营费缴纳企业应于年度终了后5个月内向企业所在地税务部门申报缴纳。

【答案】ABDE

【多选题】下列关于非税收入，说法正确的有（　　）。

A. 一般性生产建设项目，按照征占用土地面积，在建设期内逐年分摊征收水土保持补偿费

B. 建设学校、幼儿园、医院、养老服务设施、孤儿院、福利院等公益性工程项目的免征水土保持补偿费

C. 享受政府优惠政策建设的廉租房、经济适用房等居民住房免征防空地下室易地建设费

D. 保障性住房项目免收各项行政事业性收费和政府性基金，包括防空地下室易地建设费、城市基础设施配套费、教育费附加和地方教育附加等

E. 无居民海岛使用权出让实行最低价限制制度

解析 选项A，一般性生产建设项目，按照征占用土地面积一次性计征水土保持补偿费。选项C，享受政府优惠政策建设的廉租房、经济适用房等居民住房减半收取防空地下室易地建设费。

【答案】BDE

📙 拓展

1. 免税商品特许经营费

计费方法	一般：经营免税商品业务年销售收入的1%缴纳
	海南离岛旅客免税购物商店：经营免税商品业务年销售收入的4%缴纳
征管	期限：年度终了后5个月内，企业所在地税务部门负责征收

2. 国有资源有偿使用

国有土地使用权出让收入	政府以出让、划拨等方式配置国有土地使用权取得的全部土地价款，包括受让人支付的征地和拆迁补偿费用、土地前期开发费用和土地出让收益等		
	征收范围	总成交价款（不含代收代缴的税费）：以招标、拍卖、挂牌和协议方式出让国有土地使用权	
		补缴土地价款	转让划拨国有土地使用权或依法利用原划拨土地进行经营性建设
			处置抵押划拨国有土地使用权
			转让房改房、经济适用住房
			改变出让国有土地使用权的土地用途、容积率等土地使用条件

续表

国有土地使用权出让收入	征收范围	国土资源管理部门依法出租国有土地向承租者收取的土地租金收入	
		出租划拨土地上的房屋应当上缴的土地收益	
		土地使用者以划拨方式取得国有土地使用权，依法向市、县人民政府缴纳的土地补偿费、安置补助费、地上附着物和青苗补偿费、拆迁补偿费等费用（不含征地管理费）	
	计费方法	（1）以招标、拍卖、挂牌方式出让国有土地使用权：中标结果和成交结果	
		（2）以协议方式出让国有土地使用权：协商一致且议定的出让价。 ① 最低价不得低于新增建设用地的土地有偿使用费、征地（拆迁）补偿费用，以及按照国家规定应当缴纳的有关税费之和。 ② 有基准地价的地区，协议出让最低价不得低于出让地块所在级别基准地价的70%。 ③ 已购公有住房和经济适用住房上市出售补缴国有土地使用权出让收入： 补缴金额＝标定地价（元/平方米）×缴纳比例（≥10%）×上市房屋分摊土地面积（平方米）×年期修正系数	
矿产资源专项收入	矿业权占用费收入	缴费人：申请并获得在中华人民共和国领域及管辖的其他海域的矿产资源探矿权和采矿权的矿业权人	
		征收范围：在中华人民共和国领域及管辖的其他海域勘查、开采的矿产资源	
		计费方法：实行动态调整	
		征收管理：矿业权人在办理勘查、采矿登记或年检时缴纳	
	矿业权出让收益	缴费人：申请并获得在中华人民共和国领域及管辖的其他海域的勘查、开采矿产资源的矿业权人	
		征收范围：在中华人民共和国领域及管辖的其他海域勘查、开采的矿产资源	
		征收方式	按矿业权出让收益率形式征收
			按出让金额形式征收
海域使用金	国家以海域所有者身份依法出让海域使用权，而向取得海域使用权的单位和个人收取的费用		
	优惠	免：军事用海；用于政府行政管理目的的公务船舶专用码头用海；航道、避风（避难）锚地、航标、由政府还贷的跨海桥梁及海底隧道等非经营性交通基础设施用海；教学、科研、防灾减灾、海难搜救打捞、渔港等非经营性公益事业用海	
	优惠	减免：除避风（避难）以外的其他锚地、出入海通道等公用设施用海；列入国家重点建设项目名单的项目用海；遭受自然灾害或者意外事故，经核实经济损失达正常收益60%以上的养殖用海	

无居民海岛使用金	\multicolumn{2}{l	}{国家在一定年限内出让无居民海岛使用权，由无居民海岛使用者向国家缴纳的无居民海岛使用权价款，不包括其他相关税费}
	计费方法	最低价限制制度
	优惠	免：国防用岛；公务用岛；教学用岛；防灾减灾用岛；非经营性公用基础设施建设用岛；基础测绘和气象观测用岛；国务院财政部门、海洋主管部门认定的其他公益事业用岛

3. 水土保持补偿费

缴费人	在山区、丘陵区、风沙区，以及水土保持规划确定的容易发生水土流失的其他区域开办生产建设项目或者从事其他生产建设活动，损坏水土保持设施、地貌和植被，不能恢复原有水土保持功能的单位和个人
	对水利水电工程建设项目，水库淹没区不在水土保持补偿费计征范围之内
计费方法	(1) 一般性生产建设项目：征占用土地面积一次性计征。 (2) 开采矿产资源的建设期间：征占用土地面积一次性计征。 (3) 取土、挖砂（河道采砂除外）、采石及烧制砖、瓦、瓷、石灰：取土、挖砂、采石量计征。 (4) 排放废弃土、石、渣：土、石、渣量计征
优惠	(1) 建设学校、幼儿园、医院、养老服务设施、孤儿院、福利院等公益性工程项目的。 (2) 农民依法利用农村集体土地新建、翻建自用住房的。 (3) 按照相关规划开展小型农田水利建设、田间土地整治建设和农村集中供水工程建设的。 (4) 建设保障性安居工程、市政生态环境保护基础设施项目的。 (5) 建设军事设施的。 (6) 按照水土保持规划开展水土流失治理活动的
征收管理	(1) 按次缴纳：项目开工前或建设活动开始前缴纳。 (2) 按期缴纳：期满之日起15日内申报缴纳

4. 防空地下室易地建设费

征收范围	在全国范围内征收，征收对象为在人防重点城市的市区（直辖市含近郊区）新建的民用建筑
计费方法	应缴防空地下室易地建设费 = 应建防空地下室建筑面积 × 征收标准
优惠	减半： (1) 享受政府优惠政策建设的廉租房、经济适用房等居民住房。 (2) 新建幼儿园、学校教学楼、养老院及为残疾人修建的生活服务设施等民用建筑

续表

优惠	免： (1) 临时民用建筑和不增加面积的危房翻新改造商品住宅项目。 (2) 因遭受水灾、火灾或其他不可抗拒的灾害造成损坏后按原面积修复的民用建筑。 (3) 对廉租住房和经济适用住房建设、棚户区改造、旧住宅区整治。 (4) 对所有中小学校"校舍安全工程"建设所涉及的防空地下室易地建设费。 (5) 用于提供社区养老、托育、家政服务的房产、土地，确因地质条件等原因无法修建防空地下室的
	保障性住房项目免收各项行政事业性收费和政府性基金，包括防空地下室易地建设费、城市基础设施配套费、教育费附加和地方教育附加等